2024年に新紙幣が誕生！（☞84ページ）

10000円札は日本資本主義の父、渋沢栄一に

一万円札の肖像は、慶應義塾を創立し『学問のすゝめ』などを著した福沢諭吉から、多くの銀行や企業の創設に関わり「日本資本主義の父」とよばれる渋沢栄一に代わります。渋沢栄一は埼玉県深谷市の出身で、徳川慶喜の家臣となりました。その後、明治政府で役人を務めた後に実業家となり、教育や国際交流にも貢献しました。

裏面は東京駅の丸の内駅舎（赤レンガ駅舎）

▲現在の10000円札（左）と新しく発行される10000円札（右）

5000円札は再び女性に

五千円札の肖像は、明治時代の小説家で『たけくらべ』などを著した樋口一葉から、近代女子教育に貢献した津田梅子に代わります。津田梅子は1871年、岩倉使節団に同行し、初めての女子留学生として6歳でアメリカにわたりました。2度目の留学を終えて帰国した後、1900年に女子英学塾（現在の津田塾大学）を創立しました。

裏面は藤の花

▲現在の5000円札（左）と新しく発行される5000円札（右）

1000円札は再び医療関係者に

千円札の肖像は、黄熱病の研究などで知られる野口英世から、「近代日本医学の父」とよばれる北里柴三郎に代わります。北里柴三郎は、1886年からドイツのベルリンで、細菌学者のコッホに師事しました。そこで破傷風菌の純粋培養に成功するなどの業績をあげました。帰国後は、福沢諭吉の支援を受けて私立伝染病研究所を創設しました。

裏面は葛飾北斎の「富嶽三十六景（神奈川沖浪裏）」

▲現在の1000円札（左）と新しく発行される1000円札（右）

広島でG7サミット開催！ (☞表紙・16・20ページ)

サミットはいつから始まった？

フランスで開かれたサミットに参加した6か国の首脳（1975年）

1973年の**第一次石油危機**による世界経済の混乱について話し合うため、フランスの大統領のよびかけで、西側の先進国の首脳が集まりました。初めの参加国は、写真の左からイタリア、イギリス、アメリカ、フランス、西ドイツ、日本の6か国でした。

G8の時代も…

G8洞爺湖サミットの会場で会談するロシアの大統領（左）とアメリカの大統領（右）（2008年）

サミットには1976年にカナダが、1977年には、現在の**EU（ヨーロッパ連合）**の前身の組織も参加するようになりました。さらに、1998年からは**ロシア**が参加し、G8とよばれるようになりました。G8の時代は2013年まで続きました。(☞39ページ)

G20サミットはインドで

インドのモディ首相（右から2人目）（9月）

2008年にアメリカで起きたリーマン・ショックの影響をうけて発生した世界的な金融危機をきっかけにして、G7に**BRICS**などの新興国も加えた20か国による首脳会議が開かれました。以後、定期的にG20サミットとして開催されるようになりました。正式名称は「金融・世界経済に関する首脳会合」です。2023年の議長国は**インド**です。

新興国とは、国民1人あたりのGDPなどは先進国より低いものの、今後、経済的な成長がみられると期待できる国々のことをいいます。(☞21ページ)

2000円札とサミット

日本では、今回の広島市以外にこれまで、東京（3回）、沖縄県名護市、北海道洞爺湖町、三重県志摩市でサミットが開催されました。2000年には、千年単位での西暦の区切りを記念して、二千円札が発行されました。その表面には、2000年の九州・沖縄サミットをイメージして、首里城の守礼門がデザインされました。裏面には、西暦1000年のころの日本を象徴する『源氏物語絵巻』と紫式部が描かれています。（ほ 21ページ）

▲首里城前に並ぶ首脳（2000年）

▶2000円札の表（上）と裏（下）

三角州に広がる広島

太田川の三角州上に広がる広島市の市街地
広島市は太田川のつくりだす三角州の上に発達した都市です。平安時代の半ばくらいまで、現在の市街地は海の中であったと考えられています。15世紀くらいに現在の三角州の上流部が形づくられ、16世紀末に毛利氏が城下町をつくってから発展しました。現在の街並みは、昭和時代に行われた放水路工事によって整えられました。

広島が首都？

日清戦争のときに建設された仮の国会議事堂内の貴族院議場
明治維新以後、初の対外戦争となる日清戦争が1894年に始まりました。そのため、軍の作戦を決める本部が広島城内に設けられ、明治天皇も広島市に滞在することになりました。仮の国会議事堂も建設され、第7回帝国議会はそこで開かれました。当時の鉄道の西の終点が広島駅であったこと、軍港があったことなどが、広島に機能が集中した理由です。

こども家庭庁が発足

▲こども家庭庁の発足式（4月）

4月、内閣府のもとにこども家庭庁が発足しました。これまで内閣府や厚生労働省などがになってきた子どもに関する仕事を1つにまとめてすすめることが、設置の目的です。子どもに関する取り組みや政策を社会の真ん中に据える「こどもまんなか社会」を実現していくことをめざしています。（☞25ページ）

出生率が過去最低の1.26に

▲少子化対策について記者会見を行う岸田文雄首相（6月）

2022年の合計特殊出生率は1.26で、2005年と並んで過去最低を記録しました。合計特殊出生率とは、一生の間に1人の女性が生む子どもの数の平均です。2022年の出生数は前年と比較して4万人ほど少ない約77万人となり、少子化に歯止めがかかっていません。一方、2022年の死亡者数は約157万人で、出生数を大きく上回りました。今後、日本の人口が急速に減少することが避けられない状態となっています。（☞24ページ）

処理水をめぐる問題

▲処理水の海洋放出の流れ

福島第一原子力発電所では、原子炉を冷やすために大量の水が今も使用されています。その水から放射性物質をできる限り除去した処理水が、日々タンクに貯蔵されてきました。しかし、タンクを建てる場所がなくなってきたため、政府は処理水を海に放出することを決定し、8月に放出を始めました。処理水にふくまれる放射性物質は環境基準を大きく下回ると、政府は発表しています。（☞29・37ページ）

存在感を増すグローバルサウス

グローバルサウスとは、先進国と対比して使われることばで、先進国とされる国々より南にある新興国や発展途上国のことを意味します。それらの国々のなかでも、経済力の大きい**ブラジル・ロシア・インド・中国・南アフリカ共和国**は**ＢＲＩＣＳ**とよばれ、2023年8月にも首脳会議を開催しました。この会議では、アメリカの通貨ドルに頼らない貿易の促進などが議論されました。（☞21ページ）

▲ＢＲＩＣＳ首脳会議（8月・南アフリカ共和国）

イギリスがＴＰＰに加盟

ＴＰＰとは、環太平洋経済連携協定（環太平洋パートナーシップ協定）の略称のことです。経済連携協定（ＥＰＡ）の1つであるＴＰＰは、日本やオーストラリアなど太平洋の周辺に位置している11か国で構成されてきました。7月、このＴＰＰに**イギリス**が加わることが承認されました。イギリスは、2020年にＥＵ（ヨーロッパ連合）から離脱したため、自由貿易を行える相手先を増やそうと、交渉を続けてきました。イギリスの加盟でＴＰＰの経済圏はヨーロッパにも広がり、加盟国のＧＤＰの合計が全世界の15％を占めます。

▲イギリスの加盟を認める署名が行われたＴＰＰの会合（7月・ニュージーランド）

北欧2か国がＮＡＴＯへ

ＮＡＴＯ（北大西洋条約機構）は、冷戦時にアメリカと西ヨーロッパ諸国などによって結成された軍事同盟です。冷戦後は、ヨーロッパの安全を守るための役割を果たしてきました。**スウェーデン**と**フィンランド**は冷戦時もふくめて、軍事的には中立を守ってきましたが、ロシアのウクライナ侵攻を受けて、ＮＡＴＯへの加盟を決断しました。（☞21ページ）

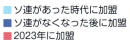

▲スウェーデンのＮＡＴＯ加盟の見通しが立ったことを祝って握手するトルコの大統領（左）とスウェーデンの首相（右）。中央はＮＡＴＯの事務総長（7月）

▲ＮＡＴＯの加盟国

自転車でもヘルメット

4月、改正道路交通法が施行され、自転車利用者の**ヘルメット**着用が努力義務化されました。これまでは、保護者が13歳未満の子どもにヘルメットを着用させるように努めるだけでしたが、大人も子どももヘルメット着用が求められるようになりました。
警察庁によると、自転車利用者の死亡事故のうち、頭部の損傷によるものが56％を占め、ヘルメット非着用時の致死率は着用時と比較すると約3倍です。命を守るためにも、自転車に乗るときには、ヘルメットを着用するようにしましょう。

▲ヘルメットに関する法律改正を告知する自転車店

生成ＡＩって何？

ＡＩとは**人工知能**のことです。**生成ＡＩ**は、人工知能がインターネット上の多くの情報を学習し、そこから新しい文章・画像・音声などを作成するものです。コンピューターに質問を入力すると、ＡＩが文章で回答する生成ＡＩが、一般の人々の間に一気に広まって利用されるようになりました。簡単に成果を得られるという利点の一方で、まちがった情報が作り出されるおそれもあります。

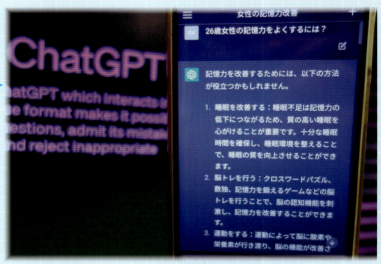

▲生成ＡＩの1つであるチャットＧＰＴ

宇都宮にＬＲＴが誕生

8月、路面電車の新たな路線としては75年ぶりとなる芳賀・宇都宮ＬＲＴが、ＪＲ宇都宮駅東口と芳賀・高根沢工業団地の区間（約15km）で開業しました。ＬＲＴとは、次世代型路面電車（ライト・レール・トランジット）のことです。**宇都宮市**は雷都ともよばれるほど雷が多いことから、ＬＲＴの車両には、稲妻をイメージする黄色の塗装が施されています。宇都宮市は、車がなくても生活しやすい街をめざしています。

▲芳賀・宇都宮ＬＲＴの車両（8月・宇都宮市）

熱中症特別警戒アラートを新設

暑さ指数	熱中症予防の目安
新設 極端な高温の予測	特別警戒アラート
33以上	警戒アラート
31以上	運動は原則中止
28以上 31未満	厳重警戒 激しい運動は中止
25以上 28未満	警戒 積極的に休憩
21以上 25未満	注意 積極的に水分補給
21未満	ほぼ安全 適宜水分補給

熱中症警戒アラートの基準

2月、政府は「熱中症特別警戒アラート」の新設を決めました。現在、**熱中症**の対策として、気温や湿度、日射などを元に算出した暑さ指数にもとづく「熱中症警戒アラート」が運用されていますが、より深刻な暑さが予測される際には熱中症特別警戒アラートを発表し、冷房を備えた施設をクーリングシェルターとして地方公共団体が住民に開放する方針です。2024年の夏からの運用開始をめざしています。

アマミノクロウサギ、個体数回復へ

上：アマミノクロウサギ
下：マングース

2022年12月、環境省は**アマミノクロウサギ**の推定個体数を、1万1549〜3万9162匹と発表しました。これは、2003年の推定の5〜7倍です。
アマミノクロウサギは鹿児島県の**奄美大島**と**徳之島**で見られる特別天然記念物です。ハブを駆除するために海外から持ち込まれた外来種のマングースに捕食されたことで数が減り、絶滅が心配されていました。今回の個体数の増加は、マングースの駆除などに取り組んだ成果であると考えられています。

世界各地で山火事が

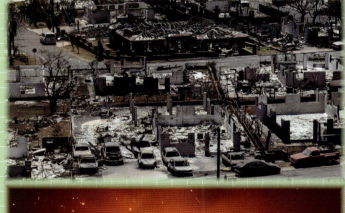

上：マウイ島の山火事で被害を受けた市街地（8月）
下：カナダの山火事（8月）

8月、各地で大規模な山火事があいつぎました。アメリカの**ハワイ**州マウイ島では、ハリケーンで送電線が切れたことが原因と考えられる山火事で、約100人が犠牲になるなど、大きな被害が出ました。
また、カナダやスペインでも山火事が発生し、多くの人々が避難する事態となりました。
山火事が発生しやすくなった原因として、地球温暖化による熱波などの異常気象が関係していると考えられています。

関東大震災から100年 （ 54・82ページ）

首都圏をおそった大災害

1923年（大正12年）9月1日午前11時58分、関東大震災を引き起こす大地震が、神奈川県西部を震源として発生しました。この地震のマグニチュードは8程度で、津波も発生しました。建物が倒壊したほか、台風が日本海側を北上していて風が強く、昼時でもあったことから、火災による被害も大きくなりました。犠牲者は、10万人以上と推定されています。震災が発生した9月1日は立春から数えて二百十日で、台風が来やすい時期でもあります。これらのことから、9月1日は**防災の日**になっています。

▲左は関東大震災当日に開業予定だった帝国ホテル新館。耐震構造により、被災をまぬがれ、大使館などの事務所となった。

震災からの復興

震災からの復興は、元東京市長で内務大臣となった**後藤新平**が中心となって進められました。復興計画には、大規模な区画整理にくわえて、公園や幹線道路を整備することなどが盛り込まれました。幹線道路は、放射状にのびる道路と環状道路が建設されました。
横浜では、震災のがれきを利用して海が埋め立てられ、現在の山下公園となりました。

▲震災復興事業である幹線道路の開通を祝うパレード（1931年・東京都）

その後の震災は？

戦後の大震災には、1995年に発生した**阪神・淡路大震災**と、2011年に発生した**東日本大震災**があります。阪神・淡路大震災では、発生時刻が早朝であったことから建物の倒壊による犠牲者が、また東日本大震災では、津波による犠牲者が多くなりました。
近い将来に発生すると考えられている**南海トラフ地震**でも、大規模な津波が想定されています。

阪神・淡路大震災

▲地震により大規模な火災が発生した兵庫県神戸市の市街地（1995年1月17日）

東日本大震災

▲堤防を乗り越えた津波におそわれる岩手県宮古市の市街地（2011年3月11日）

2024年受験用

小学生の「なぜ？」という疑問に答える

ニュース最前線 2023

もくじ

カラートピックス2023	1
時事問題を学習するにあたって	10
2023年　時事問題マップ　世界・日本	14
❶ 核軍縮への願い　～G7広島サミットと核～	16
❷ 世界はどう変わる？　～国際社会の動き～	20
❸ どうする？　少子化対策　～国内政治の動き～	24
❹ どうなる？　日本の貿易と財政　～経済と財政～	28
❺ 環境とエネルギーのゆくえ　～地球環境問題とエネルギー～	32
あなたが生まれてから　～この12年の動き～	36
❻ 築けるか？　隣国との新しい未来　～近隣諸国の動き～	42
❼ 4年目となったコロナ禍のゆくえ　～新型コロナウイルス～	46
❽ 「物流の2024年問題」って何？　～運輸と地方の動き～	50
❾ 災害と日本の自然　～自然災害～	54
❿ 宇宙の中の地球　～理科の時事問題～	58
おもなできごと	64
あれから何年？	68
記述問題	69
予想問題	74
解答	88
解答・解説（記述問題）	92
さくいん	96
学習事項確認カード	101

時事問題を学習するにあたって

受験生・保護者のみなさんへ

時事問題はいかに重要か

時事問題の出題
213校（2023年度）の出題
男子校64校中52校（約81%）
女子校55校中47校（約85%）
共学校94校中80校（約85%）

時事問題では、世の中のできごとをどれだけとらえているかが問われます。世の中の動きを知ることは、みなさんが大人になって社会人として活躍するときにも欠かすことができません。ぜひ、興味・関心を持って、学習を進めてください。

1 多い時事問題の出題 ● 8割以上の中学校で出題

中学校の入試では、毎年数多くの時事問題が出題されています。

東京都・神奈川県・埼玉県・千葉県・茨城県のおもな国立・私立中学校では、過去10年間（2014～2023年度）で80%以上の学校が、時事問題を出題しました。毎年必ず出題することを明言している学校もあります。

2 時事問題のねらい ● 世の中の動きにアンテナを張ろう！

時事問題の出題は、世の中の動きをキャッチするアンテナを持った受験生を生徒としてむかえたいという中学校側からのメッセージと考えられます。国内外のできごとに対して興味や関心の高い生徒は、一般に学習意欲も高いからです。

3 時事問題で差がつく ● 必ず時事問題の学習を！

時事問題はその性格から、教科書で扱われることはほとんどありません。また、小学校の授業でとりあげられることも少ないでしょう。したがって、受験生としては、時事問題に向けた対策をすることが必要なのです。

この学習をするかしないかで、入試においては大きな差が出てきます。

時事問題の学習法

ふだんから、新聞やテレビ、インターネットを通じて**日本や世界のできごとに関心を持ちましょう**。家庭でも、さまざまなニュースをとりあげて、今、何が問題になっているのかを話し合う機会を増やしましょう。

1 新聞を活用しよう！

（1）毎日読もう……1日3分でも5分でも、新聞を読むようにしましょう。新聞を読むことが、毎日の習慣になるようにしたいものです。

（2）見出しに目を通す……時間がないときでも、少なくとも**見出しだけは読ん**でおきましょう。新聞は、その前日や当日のできごとの中でも特に重大なものを、大きな活字で見出しにするからです。

（3）いつでも復習できるように……重要な記事があったら、切りぬいて保管しておくのもよい方法です。その際、日付を忘れずに記録しましょう。

10

2 テレビを活用しよう！

　テレビのニュース番組やインターネットのニュースサイトを活用しましょう。ニュース番組は、できるだけ毎日、時間を決めて見ましょう。番組のはじめにはその日のおもなニュースを紹介する場合が多いので、時間がないときには、そのコーナーだけでも見て、その日にどのようなできごとがあったかを確認してみましょう。

> **小学生向けの新聞・雑誌**
> 「読売ＫＯＤＯＭＯ新聞」「朝日小学生新聞」「毎日小学生新聞」や、「月刊Ｎｅｗｓがわかる」（毎日新聞出版）「月刊ジュニアエラ」（朝日新聞出版）などがあります。わかりやすいと思うものを読んでみるのもいいでしょう。

本書の使い方

本書は、次のように使うと最も効果的です。

本文をじっくり読んで理解する → 基本問題を解いてみる → もう一度本文を復習する → 発展問題・予想問題で力だめしをする

　復習や総まとめには、「おもなできごと」（☞64ページ）や「時事問題マップ」（☞14・15ページ）も活用しましょう。

特に重要なできごとについて、疑問に答える形式で理解を深めます。

各テーマに関連する、今年の新しいできごとを紹介します。

ここが出る!?

各テーマについて、必ずおさえたい用語をまとめてあります。

> **時間があまりない！** という君たちは…
> 本文をひととおり読んだ後、基本問題を解きます。そこでわからなかったことがらを、もう一度本文で確認してみましょう。

> **時間がもうない！** という君たちは…
> 「おもなできごと」の★の内容をおさえましょう。関連したことがらについて述べたページを読んで、重要なことがらもチェックしておきましょう。

学習事項確認カード

　中学入試では、時事問題を切り口に、すでに学習したことがら（既習事項）が数多く問われます。このような既習事項の中でも特におさえておきたい事項を、巻末の確認カードにまとめました。
　表面を読んで、空欄にあてはまることばや数を答えましょう。答えは、裏面で確認できます。
　入試本番まで、このカードを大いに活用してください。

> **四谷大塚ドットコムで最新情報を！**
> 入試本番直前のできごとを入試問題で問う中学校もあります。最新の時事問題は、**四谷大塚ドットコム**（https://www.yotsuyaotsuka.com/news/）でチェックしましょう。

１ 2023年度の入試から　●昨年版でとりあげたテーマは中学入試ですべて出題

　2023年度の入試問題から、おもな時事問題をとりあげてみます。国内のニュースでは、参議院議員選挙に関連した問題にくわえて、新型コロナウイルス感染症についても一昨年・昨年に続き数多く出題されました。また、沖縄復帰・日中国交正常化から50年、円安やインフレに関連した問題も目立ちました。国際的なニュースではロシアによるウクライナ侵攻にからめて、ＮＡＴＯ（北大西洋条約機構）や核兵器禁止条約、国連の安全保障理事会など、安全保障に関連した出題が多く見られました。

　2022年刊行の『ニュース最前線2022』で扱ったテーマは、2023年度の入試ですべて出題されています。

２ 直接的な出題

　一般的には、受験する前の年（2024年度の入試であれば2023年）や近年のできごとを、直接たずねます。このような直接的な出題は、できごとを知っているかどうかを問う傾向が強く、純粋な時事問題といえます。

出題例①・社会科　2023年度　開成（一部改題）

①ウクライナ、②フィンランド、③スウェーデンの位置を、それぞれ次の図中のア～クから一つ選び、記号で答えなさい。

出題例②・理科　2023年度　学習院中等科（一部改題）

改正された特定外来生物に関する法律に指定されている動物を選びなさい。

ア．セキセイインコ　　　　　イ．トノサマガエル
ウ．アメリカザリガニ　　　　エ．ヘラクレスオオカブト

解説　①ロシアのウクライナ侵攻に関連して、ウクライナや周辺国の位置を問う問題が特に多く出題されました。フィンランドやスウェーデンの位置については、ＮＡＴＯ加盟との関係で、来年度の入試でも出題が予想されます。また、Ｇ７広島サミット開催にもからめて、核兵器関連の問題が例年よりも多くなることが想定されます。　　　　　　　　　　　　　　　　　（解答：① **カ**　② **ウ**　③ **イ**）

②外来生物法が改正され、2023年6月からアメリカザリガニやアカミミガメ（ミドリガメ）について、販売や野外への放出が規制されることになりました。これに伴い、外来生物に関する問題が多くの学校で出題されました。施行が2023年ということもあり、今後も外来生物に指定されている生物種の生態や、外来生物が環境に及ぼす影響についての出題が予想されます。　（解答：**ウ**）

「ニュース最前線2022」から

ウクライナ周辺とＮＡＴＯ

類題出題校：桜蔭・フェリス女学院・洗足学園・渋谷教育学園渋谷・聖光学院・桐光学園・成蹊・東京女学館　ほか

改正外来生物法が成立

5月、改正外来生物法が成立しました。…これまでの法では**アメリカザリガニ**や**ミドリガメ**のような、すでに家庭で広く飼われている生物に対処しきれないという問題がありました。

類題出題校：巣鴨・成城学園・東京都市大学等々力・昭和女子大学附属　ほか

❸ 間接的な出題

重大なできごとを切り口にしたり、問題のなかに織り込んだりして、関連することがらをさまざまな角度から問う出題です。これまで学習した知識や考え方をフルに活用して、問題にのぞむ必要があります。

出題例 2023年度　立教女学院（一部改題）

A ［3月24日］
　今日でロシアの（　あ　）への侵略が始まってからちょうど1か月。…①国際連合の力で何とかならないのかな。
B ［5月15日］
　…この日を境に、使うお金がドルから②円に変わった…
C ［9月29日］
　（　い　）と共同声明を発表し、国交正常化したのが50年前の今日らしい。
問1　文中の（　あ　）と（　い　）に当てはまる国名を答えなさい。
問2　下線部①について、次の問いに答えなさい。
　　（1）国際連合の全加盟国が参加して開かれる会議は何ですか。
　　（2）国際連合が定めているSDGsは（　う　）な社会を築くためのものです。（　う　）にあてはまることばを漢字4字で答えなさい。
問3　下線部②について、1万円札の肖像は2024年に誰に代わりますか。

解説 問1の（あ）・問3は時事問題の対策が必要となる問題です。これに対して問1の（い）・問2は、これまでの学習内容で対応できる基本的な問題です。

（解答：問1　（あ）　ウクライナ　（い）　中国（中華人民共和国）
　　　　問2　（1）　総会（国連総会）（2）　持続可能　　問3　渋沢栄一

「ニュース最前線2022」から

表紙の写真

2月、ロシアの軍隊が隣国のウクライナに侵攻しました。
　類題出題校：慶應義塾中等部・芝浦工業大学柏・清泉女学院・暁星・学習院中等科　ほか

日中国交正常化も50年

1972年9月、田中角栄首相が中国の首都である北京を訪問して日中共同声明に調印し、日本と中国（中華人民共和国）の国交が正常化されました。
　類題出題校：ラ・サール・早稲田・浦和明の星女子・鷗友学園女子・成城・高輪・サレジオ学院・帝京　ほか

2024年度の入試を ズバリ予想

2024年度の入試でねらわれそうな時事問題のテーマは、次のようになります。

G7広島サミット

5月に行われたG7サミット（主要国首脳会議）は戦争で初めて原子爆弾が使われた都市である広島で開催されたうえ、ウクライナのゼレンスキー大統領が参加するなど、注目度の高いものとなりました。広島に関するさまざまな地理・歴史の問題、これまでの日本でのサミット開催地、核兵器をめぐる歴史など、幅広い出題が予想されます。（☞表紙・2・3・16・20・74ページ）

ロシアのウクライナ侵攻とその影響

2022年2月に始まったロシアのウクライナ侵攻に関連して、国連の安全保障理事会や、EU・NATOなどの枠組みが注目されるようになりました。また、天然ガスや原油の輸出国であるロシアへの経済制裁や、小麦の生産国であるウクライナから輸出が滞ったことから、資源や食料の価格が高騰するなど、世界経済にも大きな影響をあたえています。（☞20・28ページ）

新型コロナウイルス感染症の影響

近年多くの中学校でとりあげられてきた新型コロナウイルス感染症については、経済的な影響や社会のあり方の変化など、コロナ禍を総括する意味でも引き続きとりあげられることが予想されます。（☞46ページ）

そのほか出題の可能性が高いことがら

関東大震災をはじめ地震や自然災害について（☞8・54ページ）、ドイツの脱原発や脱炭素社会について（☞32ページ）など。

13

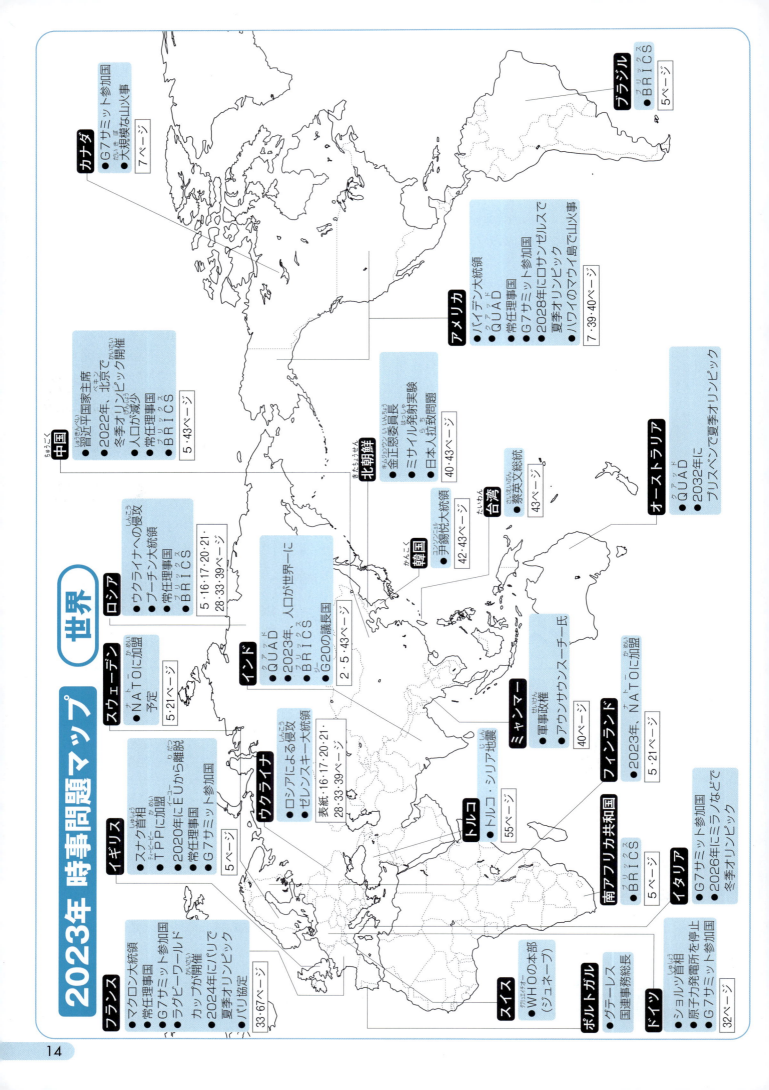

2023年 時事問題マップ　日本

深谷市
● 渋沢栄一の出身地
1ページ

洞爺湖町
● 2008年にサミット開催
2ページ

竹島
● 韓国が自国の領土と主張
42ページ

白山手取川ジオパーク
● 世界ジオパーク
55ページ

**東日本大震災
（東北地方太平洋沖地震）**
● 2011年3月、M9.0の地震
4・8・37ページ

北陸新幹線
● 2024年3月、
金沢駅〜敦賀駅が開業
51ページ

福島第一原子力発電所
● 2011年3月に事故
● 処理水を放出
4・8・37ページ

金沢駅

福井駅

敦賀駅

西九州新幹線
● 2022年9月に開業
51ページ

宇都宮市
● LRT
6ページ

東京駅

武雄温泉駅

志摩市
● 2016年に
サミット開催

東京
● 2021年に
東京オリンピック・パラリンピック開催
● 小池百合子東京都知事
● 関東大震災から100年
8・38ページ

長崎駅

京都市
● 文化庁が移転
25ページ

リニア中央新幹線
51ページ

大阪市
● 2025年に
万博開催

アマミノクロウサギ
● 個体数が回復
7ページ

奄美大島（大島）

徳之島

名護市
● 普天間飛行場の移転
先として辺野古の埋
め立て工事
● 2000年にサミット
開催
3ページ

沖縄島

広島市
● 2023年のG7サミット開催地
表紙・3・16・20ページ

西表島

普天間飛行場
● アメリカ軍基地の移転問題

15

G7広島サミットと核

１ 核軍縮への願い

▲広島平和記念資料館を訪れ、記帳するG7の首脳（5月・広島市）

なぜ広島でサミットが行われたの？

Q 2023年5月、広島でG7サミットが開かれました。なぜ、広島が開催地となったのですか。（☞21ページ）

A G7サミット（主要国首脳会議）は、参加7か国が順に議長国を務め、議長国が自国内での開催地を決めます。2023年は日本が議長国でした。ウクライナ侵攻を続けるロシアが核兵器を用いる可能性を示したことから、そのような威嚇をG7の国々が拒否する姿勢を示す場として、被爆地である広島が選ばれたのです。

G7サミットに参加した各国の首脳と国際機関の長は広島平和記念公園内にある広島平和記念資料館を訪れ、被爆者との対話も行いました。一度にこれだけ多くの首脳がこの資料館を訪れたのは初めてのことです（☞表紙）。

G7サミットでは必ず首脳宣言が出され、首脳会議で話し合ったことを内外に示します。今回は、首脳宣言で核軍縮にふれたほか、「広島ビジョン」とよばれる、核軍縮についての特別な声明も出されています。

広島と核兵器

1945年8月6日
・広島に原子爆弾が投下される
・12月までに約14万人が亡くなる

1955年
・前年の第五福竜丸事件を受けて、第1回原水爆禁止世界大会が広島で開かれる（写真）

16

ニュースの視点 ① 広島ビジョンとは？

(1) **核軍縮への決意**……核兵器が1945年以降、使用されていないことが重要であると強調したうえで、ウクライナ侵攻において核兵器を使うというロシアの威嚇を非難しています。また、1996年に採択された包括的核実験禁止条約（CTBT）の発効とともに、**核拡散防止条約（NPT）**を維持することを求めています。

(2) **核兵器禁止条約とは？**（☞39ページ）……すべての核兵器の保有を禁止する**核兵器禁止条約**は、2021年に発効しました。しかし、核兵器の保有国や、保有国と安全保障条約を結んでいる日本や韓国などは、条約に加わっていません。

ニュースの視点 ② 核兵器の現在は？

(1) **なぜ核兵器を持つの？**……核兵器を持つことで、相手が核兵器による反撃をおそれて、攻撃してこないだろうという考え方（核抑止力）をもとにしています。核兵器を持つ国と安全保障条約を結んで、その核抑止力によって守られている状態を「核の傘」とよぶこともあります。

(2) **核兵器を持つ国はどこ？**

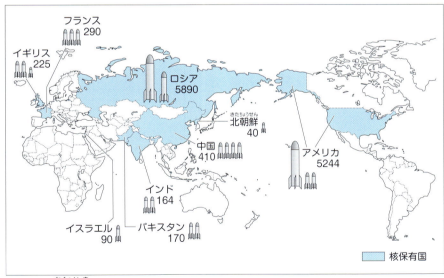

▲各国の核兵器の保有数（2023年6月）

包括的核実験禁止条約

爆発をともなう核実験を禁止する条約。条約が発効するには定められた44か国の承認が必要。44か国にふくまれ、承認していない国はアメリカ、中国など。核兵器を持つインド・パキスタン・北朝鮮は条約に参加していない。

核拡散防止条約

核軍縮を進めるため、次のことがらを定めた条約。
・核兵器を持つことを認められた国は、持たない国に、核兵器や開発技術を渡さない。
・核兵器を持たない国は、核兵器の開発を行っていないか、**国際原子力機関（IAEA）**の調査を受ける。

▲福島第一原子力発電所で処理水（☞4ページ）について調査するIAEAの職員（8月・福島県）

国際原子力機関（IAEA）は原子力発電所の安全に関する調査も行う。

ここが出る⁉ 広島　包括的核実験禁止条約（CTBT）　核拡散防止条約（NPT）　核兵器禁止条約

基本問題

1 Ｇ７広島サミットと核

▶解答は　88ページ

1 広島に原子爆弾が投下されたのは、 ① 年８月 ② 日です。

①

②

2 1955年、第１回原水爆禁止世界大会が、前年におこった ③ 事件を受けて広島で開催されました。

③

3 ロシアの ④ 大統領は、ウクライナとの戦いのなかで、核兵器の使用をほのめかす発言を行いました。

④

4 Ｇ７広島サミットに参加した各国の首脳は、広島 ⑤ 記念公園の広島 ⑤ 記念資料館を訪れました。

⑤

5 Ｇ７広島サミットでは、首脳宣言のほかに、核 ⑥ についての特別な声明である「広島ビジョン」が出されました。

⑥

6 「広島ビジョン」では、1996年に国際連合で採択された ⑦ の発効や、核拡散防止条約（略称は ⑧ ）の維持を訴えています。

⑦

⑧

7 すべての核兵器の保有を禁止する ⑨ 条約は2021年に発効していますが、核保有国や、核保有国と ⑩ 条約を結んでいる日本や韓国はこの条約に参加していません。

⑨

⑩

8 核拡散防止条約に加盟している国のなかで、核兵器を持っていない国には、核兵器を開発していないかどうかについて、 ⑪ が調査を行います。

⑪

9 国際連合の ⑩ 理事会の ⑫ 国は、すべて核兵器を保有しています。

⑫

10 国際連合の ⑩ 理事会の ⑫ 国以外で、核兵器を保有しているのは北朝鮮・イスラエル・ ⑬ ・ ⑭ です。

⑬

⑭

18

発展問題

次の文を読んで、後の問いに答えなさい。

　2023年5月、①広島市で②G7サミットが開かれました。サミットの開催地は議長国が決定します。ロシアのウクライナへの侵攻のなかで、ロシアの　A　大統領が核兵器の使用をにおわす発言を行ったことから、日本政府は広島を開催地として、核兵器による威嚇をG7各国が決して認めない姿勢を示そうとしました。日本では、これまで、東京や　B　でサミットが開かれました。サミットの際には首脳宣言が出されますが、今回は、首脳宣言のほかに「広島ビジョン」とよばれる核軍縮についての特別な声明も出されました。この「広島ビジョン」では、1996年に国際連合で採択された③包括的核実験禁止条約の発効をめざすこと、④核拡散防止条約のしくみを維持していくことが強調されています。

　日本はこれまで⑤3度の核兵器による被害を受けてきた国です。核軍縮を進める姿勢を世界に示しながらも、日本政府は⑥核兵器禁止条約には参加しない方針をとっています。核軍縮の現実的な道筋をどのようにえがくか、今後が問われています。

問1　　A　にあてはまる人物の名を答えなさい。

問2　　B　にあてはまる地域として正しくないものを次から選んで、記号で答えなさい。
　　ア　洞爺湖町　　　　　イ　志摩市　　　　　ウ　大阪市　　　　　エ　名護市

問3　下線①について述べた文として正しいものを次から選んで、記号で答えなさい。
　　ア　中国地方で唯一の政令指定都市です。
　　イ　太田川の扇状地に発達した都市です。
　　ウ　2つの世界文化遺産があります。
　　エ　輸送用機械の製造が市の工業の中心です。

問4　下線②の参加国で、北アメリカ大陸に位置する国をすべて答えなさい。

問5　下線③・④の略称をそれぞれ次から選んで、記号で答えなさい。
　　ア　ＩＡＥＡ　　　　　イ　ＮＰＴ　　　　　ウ　ＣＴＢＴ　　　　　エ　ＩＣＴ

問6　下線⑤について、3度目の被害と最も関係が深いできごとを次から選んで、記号で答えなさい。
　　ア　キューバ危機　　　イ　朝鮮戦争　　　　ウ　第五福竜丸事件　　　エ　沖縄返還

問7　下線⑥について、核保有国と、核保有国と安全保障条約を結んでいる国はこの条約に参加していません。日本はどの国と安全保障条約を結んでいますか。また、その国と初めて安全保障条約を結んだ年とそのときの首相の名を答えなさい。

問1		問2	問3	問4	
問5 ③	④	問6	問7 国	年	年 首相

2 世界はどう変わる？

国際社会の動き

▲G7サミットに招かれて来日したウクライナのゼレンスキー大統領（5月・広島空港）

なぜ、ウクライナ大統領がサミットに参加したの？

Q 5月、ウクライナのゼレンスキー大統領が急きょ来日し、G7広島サミットに参加しました。大統領が直接参加した理由は何ですか。

A G7広島サミットの大きなテーマの1つは、ウクライナ情勢に関するものでした。当初は、オンラインで参加する予定であった**ゼレンスキー大統領**は、対面での参加を希望し、来日が決まりました。これは、支援を各国により強く訴えるための決断でした。G7広島サミットの招待国には、ウクライナを明確に支援していない国もふくまれます。また、**ロシア**と関係の深い首脳もいます。議長国の日本は、G7参加国や招待国と事前の交渉を極秘にすすめて、ゼレンスキー大統領が参加することについて了承をとりつけました。

G7がウクライナをさらに支援していくことを明らかにし、平和と連帯を訴えるメッセージは世界の注目を集めました。しかし、ウクライナに侵攻しているロシアのほかにも、G7各国との経済的な対立を強めている国があります。メッセージを具体的な成果につなげられるか、日本の議長国としての真価が問われています。

インド	G20の議長国
韓国	アメリカの同盟国
ブラジル	南アメリカの主要国
オーストラリア	オセアニアの主要国
インドネシア	ASEANの議長国
ベトナム	東南アジアの主要国
コモロ	アフリカ連合の議長国
クック諸島	太平洋諸島フォーラムの議長国

▲G7広島サミット招待国（ウクライナをのぞく）

ニュースの視点 ① ウクライナとロシア

(1) **始まりは2014年**……2014年、ロシア系の住民が多く住む**クリミア**は、住民投票の結果、ウクライナからの独立を宣言しました。ロシアのプーチン大統領はロシアにクリミアを組み入れると宣言してロシア領としたため、ウクライナだけでなく、欧米との関係も悪化しました。（☞39ページ）

(2) **そして2022年**……ウクライナの**ゼレンスキー**大統領は、**EU**（ヨーロッパ連合）や**NATO**（北大西洋条約機構）へ加盟する方針を示しました。ロシアのプーチン大統領は、ロシアに接している国にNATOの軍が置かれる状況になることを強く批判しました。そして、2022年2月、ロシアはウクライナに侵攻し、現在もウクライナ国内で激しい戦いが続いています。

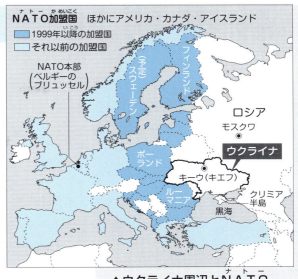

▲ウクライナ周辺とNATO

フィンランド（4月に加盟）に続き、スウェーデンも加盟する予定。（☞5ページ）

ニュースの視点 ② G7サミットとG20サミット（☞2ページ）

(1) **G7サミット（主要国首脳会議）とは？**……サミットとは「頂上」を意味する英語です。おもな先進国7か国の首脳が参加することから、この名でよばれます。第一次**石油危機**後の経済的混乱を乗り切るために、フランスのよびかけで1975年に始まりました。

(2) **G20サミットとは？**……2008年、世界がリーマン・ショックとよばれる経済危機の影響を受けるなか、第1回のG20サミットが開かれました。経済と金融が議題となるため、急速に経済成長をとげ、世界の影響力を増してきた新興国の国々も参加しています。

ニュースの視点 ③ グローバルサウスって何？

サウスとは「南」を意味する英語です。先進国より南に位置する新興国や発展途上国をさすことばです。（☞5ページ）

今回のG7サミットの重要なテーマの1つが、これらの国々とG7各国との関係を強化することでした。気候変動や食糧問題での支援を強めることが、首脳宣言で示されました。

地球上の北に位置する国々と、南に位置する国々との経済上の格差を**南北問題**とよびます。この問題の解決に取り組んでいる国際連合の組織が**国連貿易開発会議（UNCTAD）**です。

インド

2023年のG20サミットの議長国。経済発展が大きい新興国の1つで、BRICSにふくまれる。日本・アメリカ・オーストラリアと、「自由で開かれたインド太平洋」のため、さまざまな面で協力している。この4か国の枠組みをQUADとよぶ。

過去の日本でのサミット

東京以外に、沖縄県名護市、北海道洞爺湖町、三重県志摩市でも行われた。

BRICS

2000年代以降経済成長をとげたブラジル・ロシア・インド・中国・南アフリカ共和国をまとめたよび名。2024年1月、アラブ首長国連邦・アルゼンチン・イラン・エジプト・エチオピア・サウジアラビアが加わる。

ここが出る!?　ゼレンスキー　G7　G20　南北問題　BRICS　NATO

基本問題

2　国際社会の動き

▶解答は　88ページ

1 Ｇ７サミット（主要国首脳会議）は、　①　が起きた２年後の1975年、フランスのよびかけで始められた会議がもととなっています。

① _____

2 サミットはロシアが参加してＧ８サミットとよばれたときもあります。ロシアは、2014年にウクライナの　②　半島を併合したことを批判され、サミットへの参加を停止されています。

② _____

3 日本では、2023年の広島以外に、これまで、東京や沖縄県　③　市、北海道　④　町、三重県　⑤　市でサミットが開催されたことがあります。

③ _____

④ _____

⑤ _____

4 ウクライナの　⑥　大統領は、Ｇ７広島サミットにオンラインで参加する予定でしたが、急きょ来日して、平和と連帯を訴えるメッセージを発しました。

⑥ _____

5 Ｇ７広島サミットには、ウクライナ以外にも、2023年に人口が世界一となった　⑦　や、アメリカ・日本とともにＱＵＡＤを構成する　⑧　などの首脳が招待されました。

⑦ _____

⑧ _____

6 Ｇ７広島サミットでは、グローバルサウスということばが注目されました。サウスとは　⑨　を意味する英語で、先進国よりも　⑨　側に位置する新興国や発展途上国をさすことばです。

⑨ _____

7 先進国よりも　⑨　側にある国々と先進国との間にある経済上の格差の問題に取り組んでいる国際連合の組織は、　⑩　です。

⑩ _____

8 リーマン・ショックの影響を受けるなか、新興国の国々も参加して、2008年に　⑪　サミットが初めて開催されました。

⑪ _____

9 ブラジル・ロシア・　⑦　・中国・南アフリカ共和国は、まとめて　⑫　とよばれます。2024年１月、イラン、エジプト、サウジアラビアなど６か国が、　⑫　に加わります。

⑫ _____

22

発展問題

次のあ〜きの文は、2023年のG7広島サミットの参加国と招待国の一部について説明したものです。これを読んで、後の問いに答えなさい。

- あ　第二次世界大戦後、資本主義国の中心となり、西側諸国と①北大西洋条約機構をつくりました。
- い　世界で初めて産業革命をなしとげ、「世界の工場」とよばれた時代があります。
- う　冷戦の影響で国が②分断されました。その後、1990年に統一をなしとげました。
- え　2023年に人口が世界一となりました。新興国も参加する、2023年の　A　サミットの議長国です。
- お　QUADを構成している4か国の一つです。日本にとっては　B　・石炭の最大の輸入相手先です。
- か　2014年に自国のクリミア半島が一方的にロシアに領有されました。さらに2022年2月以降、ロシアの軍事侵攻が続いています。
- き　日本政府が多くの日本人移民を送った南アメリカ大陸の国です。200万人以上の日系人がいます。

問1　　A　にあてはまることばを答えなさい。
問2　　B　にあてはまる品目を次から2つ選んで、記号で答えなさい。
　　ア　肉類　　イ　鉄鉱石　　ウ　天然ガス　　エ　原油　　オ　衣類
問3　下線①の略称を答えなさい。
問4　下線②について、現在のこの国の首都も東西に分断されていました。この首都の名を答えなさい。
問5　次の1〜3が示す国々をあ〜きからすべて選んで、記号で答えなさい。
　1　G7サミットの正式な参加国
　2　国際連合の安全保障理事会の常任理事国
　3　BRICSにふくまれている国
問6　あ・かの大統領の名をそれぞれ答えなさい。
問7　い・う・かの位置を右の地図からそれぞれ選んで、記号で答えなさい。
問8　いの国の植民地だった国をあ〜きから3つ選んで、記号で答えなさい。

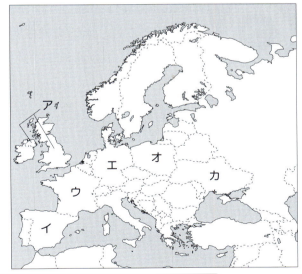

国内政治の動き

3 どうする？ 少子化対策

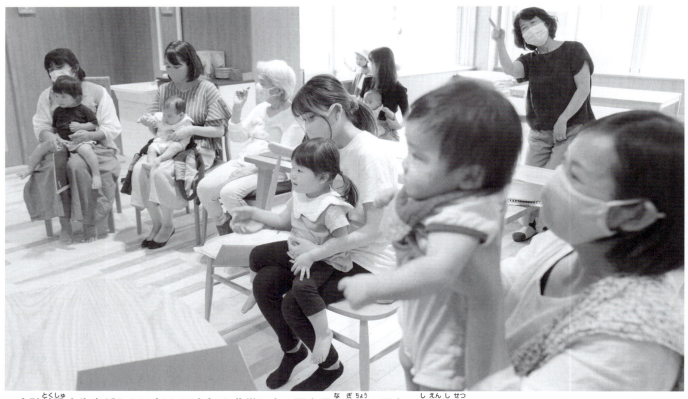

▲合計特殊出生率が2.68（2021年）と非常に高い岡山県奈義町の子育て支援施設

なぜ、少子化対策が必要なの？

Q 2023年6月、岸田文雄内閣が「異次元の少子化対策」の具体的な内容を閣議決定しました。なぜこうした対策が必要になるのですか。

A 少子化がとまらず人口減少が続けば、経済活動がおとろえたり、社会保障制度の維持が困難になったりします。安心して出産・育児ができる社会をめざして、政府は「異次元の少子化対策」を打ち出し、2024年度から実行に移し始めるとしています。

2022年に生まれた子どもの数は、初めて80万人を下回り、約77万人でした。1人の女性が一生の間に生む子どもの数の平均である**合計特殊出生率**も、過去最低にならぶ1.26でした。

急速にすすむ少子化に対応するために、岸田文雄内閣は児童手当の支給年齢を18歳まで延長し、支給する家庭の親の収入に対する制限をなくす、出産費用を援助する、育児休業制度を拡充するなど、さまざまな対策を発表しました。しかし、十分な効果はあがらないのではないかと疑問視する声や、年間3兆円以上ともいわれる対策費の財源不足を指摘する意見もあります。

▲日本の出生数

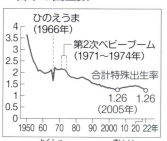

▲合計特殊出生率の推移

ニュースの視点 ① こども家庭庁は何をするの？

(1) こども家庭庁発足……2023年4月1日、こども家庭庁が発足しました。複数の省庁がばらばらに行っていた子どもの成長や支援にかかわる仕事を1つにまとめて、**ヤングケアラー**の問題などに対処したり、子育て世帯への支援を行ったりします。

(2) 地方公共団体の少子化対策……国とは別に、地方公共団体もさまざまな少子化対策を行っています。東京23区では、2023年4月から、高校生以下の医療費を無料にしたほか、一部の区では中学校の給食費を無料にしました。岡山県の奈義町では、子育て支援を充実させたことなどから、合計特殊出生率が2.68（2021年）と高い水準にあります。高齢化がすすむ地域では、子どもを生み育てる若い世代に移住してもらうことが大事であり、そのためには地域の産業を育成し働ける環境を整えることも重要だという指摘があります。

ニュースの視点 ② どうなる？マイナンバーカード

(1) マイナンバーカードとは？……2015年、年金の給付や税金の納入などについて、個人を特定し管理するため、全国民1人に1つずつ個人番号を割り振るマイナンバー制度が始まりました。この制度の下、ICチップにさまざまな情報を記録し、スマホやパソコンで納税手続きできる機能や、コンビニで証明書の交付が受けられる機能などを持つ**マイナンバーカード**が、2016年以降発行されています。

(2) マイナンバーカードの課題……2023年6月、通常国会で、健康保険証を廃止し、マイナンバーカードにその役割を持たせるなどの内容を盛りこんだ改正マイナンバー法が成立しました。しかし、自分のカードに他人の**個人情報**が登録されていたなどのミスが明らかになり、**デジタル庁**への批判がおこりました。

ニュースの視点 ③ 文化庁が京都へ移転

2023年3月、文部科学省に属している文化庁が京都市へ移転しました。東京への一極集中をゆるめて災害時の危険を分散すること、文化の力で地方創生を行うことなどをめざしています。他の省庁との連絡のため一部の機能は東京に残していますが、明治時代以降で初の中央省庁の地方移転となりました。

ヤングケアラー
本来は大人が行うべき家事や家族の介護などを日常的に行っている子どもたちのこと。学習や遊びの時間を持てず、同世代の子どもたちと良好な関係が築けないなどの問題をかかえている。

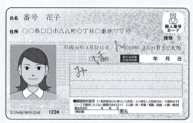
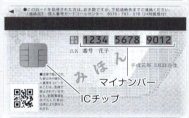

▲マイナンバーカード
2023年7月、政府の機関である個人情報保護委員会が、マイナンバーカードの登録作業について、デジタル庁の情報管理に問題がなかったかを調べた。

▲文化庁の新庁舎（京都市）
1928年、京都御所で行われた昭和天皇の即位の礼にあわせて建てられた建物。文化財が多く伝統文化も保たれていること、文化財を活用した観光を強化できることなどから、文化庁の移転先として京都が選ばれた。

ここが出る!? 　合計特殊出生率　こども家庭庁　岸田文雄　マイナンバーカード　デジタル庁

基本問題

3　国内政治の動き

▶解答は　88ページ

1 2022年に日本で生まれた子どもの数は初めて ① 万人を下回りました。また、 ② は過去最低の1.26となりました。

①

②

③

2 少子化がとまらず人口減少が続くと、税金や社会保険料を納める世代の人口も減って、高齢者に年金を支給するなどの ③ 制度の維持が難しくなります。

3 安心して出産・育児ができるように、原則として子どもが満1歳になるまでの間、一時休職できる制度を ④ 制度といいます。

④

4 2023年4月、複数の省庁がばらばらに行っていた仕事を1つにまとめ、子どもの成長や支援にかかわる仕事をする ⑤ が発足しました。この役所は、子育て世帯への支援のほか、家事や家族の介護などで重い負担を強いられている ⑥ とよばれる子どもたちの問題などに対処します。

⑤

⑥

5 少子化対策には、国だけではなく、市町村などの ⑦ が独自に行っているものもあります。

⑦

6 全国民に1つずつ割り振られた12桁の番号を ⑧ といいます。この番号とICチップに個人情報を記録した ⑧ カードは、身分証明書となります。このカードに健康保険に加入している人が持つ ⑨ の機能も持たせ、 ⑨ を廃止するという法律が、2023年の通常国会で成立しました。

⑧

⑨

7 ⑧ カードに他人の情報が記録されていたなどの問題があったことがわかりました。2023年7月、個人情報の安全管理を行う個人情報保護委員会が、国や地方の情報技術をすすめる役所である ⑩ 庁の情報管理に問題がなかったかを調べました。

⑩

8 2023年3月、 ⑪ が、文化財が多い ⑫ 市に移転しました。この移転は、東京への一極集中をゆるめることなどをめざして行われました。

⑪

⑫

26

発 展 問 題

次の文を読んで、後の問いに答えなさい。

　　日本の総人口は2022年10月時点で１億2494万7000人でした。前年から約56万人減少し、12年連続の人口減少となりました。

　　しかし、1872年（明治５年）の日本の総人口はわずか3480万人でした。150年ほど前の3.5倍以上もの人口となっているにもかかわらず、人口減少が心配される理由は何でしょうか。

　　１つは①少子化です。子どもの数が減れば、将来働いて経済活動を支える人口が減少し、日本の②国内総生産も縮小してしまいます。

　　もう１つは人口構成にかたよりが出ていることです。総人口に占める③高齢者の割合が大きくなり、超高齢社会になっていることから、一定の年齢になったとき以降、定期的に一定額のお金が支給される◯◯◯◯保険をはじめとして、国民の生存権を守る④社会保障制度には毎年多くの費用がかかっており、2023年度予算では歳出全体の32.3％を占めるほどです。働く世代の人口が減れば、税金や社会保険料を納める人口が減ることとなり、社会保障制度の維持も困難になってしまいます。

　　こうした問題を解決するため、作業の機械化・⑤デジタル化を推進したり、外国から労働者を受け入れたりするなど、さまざまな策がすすめられています。このようななか、岸田文雄内閣は、少子化を食い止める策に注力し、安心して出産・育児ができる社会にしていくための「異次元の少子化対策」を2023年に発表しました。これらの対策を実行するための財源をどう確保するのか、この対策が日本の人口減少に効果があるかどうかが議論されています。

問１　◯◯◯◯にあてはまることばを漢字２字で答えなさい。

問２　下線①について、2022年の日本の合計特殊出生率を次から選んで、記号で答えなさい。また、2023年４月に発足した、子どもの成長や支援にかかわる仕事を行う役所の名を答えなさい。

　　ア　2.07　　　　イ　1.34　　　　ウ　1.26　　　　エ　0.78

問３　下線②の略称をアルファベットで答えなさい。

問４　下線③について、2023年の年齢別人口の割合のうち、65歳以上を示すものを右のグラフから選んで、記号で答えなさい。

問５　下線④にふくまれる社会保険として正しいものを次から選んで、記号で答えなさい。

　　ア　雇用保険　　　イ　火災保険　　　ウ　自動車保険　　　エ　生命保険

問６　下線⑤について、情報通信技術の略称をアルファベットで答えなさい。

年齢別人口構成（2023年３月）

あ 59.4%	い 29.0	う 11.5

（総務省）

問1		問2	記号		役所	
問3		問4		問5		問6

27

経済と財政

どうなる？　日本の貿易と財政

▲火力発電所に天然ガスを荷揚げするＬＮＧ専用船（堺市）

過去最大の貿易赤字…そのわけは？

Q 2022年度の日本の貿易赤字額が約22兆円と過去最大になりました。なぜでしょうか。

A 理由の1つは、**原油**や**天然ガス**などの値上がりです。2022年にロシアのウクライナ侵攻が始まると、欧米諸国などが経済制裁を行ってロシアからの原油や天然ガスの輸入を抑え、その代わりを他国に求めました。このため世界的に供給不足となり、値段が上がったのです。2022年に大幅な**円安**になったことも輸入額が増えた理由です。

2022年度は輸出入額ともに過去最大でしたが、これらの理由で輸入額が特に増え、**貿易赤字**が最大となったのです。

新型コロナウイルスの感染拡大で停滞した世界経済の回復を受け、2022年はアメリカ向けの自動車の輸出などが増えました。

2023年もこの輸出増加の傾向が続いていますが、原油などの資源価格によって、貿易収支は大きく左右されます。国際情勢の変化をふまえ、貿易の動きに注目していきましょう。

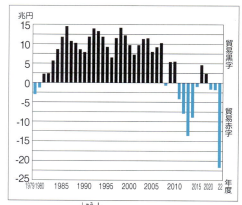
▲日本の貿易収支の移り変わり

ニュースの視点 ① あいつぐ値上げ

原油・天然ガスなどの資源の輸入価格が上がりました。このため、電気料金・ガス料金だけでなく、トラックの燃料費が値上がりしたことで、宅配便の料金なども値上げされました。

また、ロシアとウクライナから輸出される**小麦**やとうもろこしなどが減って国際的な価格が上がり、小麦を原料とするパンや菓子、とうもろこしを飼料とする畜産物などが値上げされました。卵は、鳥インフルエンザの流行（☞47ページ）により、大幅に値上がりしました。

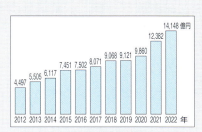
▲農林水産物・食品の輸出額

ニュースの視点 ② 農産物の輸出は？

2022年、アルコール飲料、ほたて貝、牛肉など日本の農林水産物と食品の合計輸出額が1兆4148億円と過去最高になりました。各国で経済が回復して外食需要が高まったことや円安がその理由とされています。輸出先の1～3位は、それぞれ中国・香港・アメリカでした。

しかし2023年8月に福島第一原子力発電所の処理水放出（☞4ページ）を受けて、中国と香港は日本の水産物を全面的に禁輸することを発表しました。

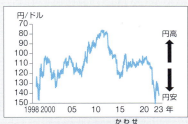
▲ドルに対する円の為替の動き

▲卵の値上がりを知らせるスーパーの表示（2月・大阪市）
「物価の優等生」ともいわれる卵だが、1993年以降最高値の水準となった。

ニュースの視点 ③ 国の財政はどうなっているの？

(1) **予算総額は？**……2023年度の予算は114兆3812億円で、2022年度より約6.8兆円増え、過去最大となりました。

(2) **増える防衛費**……2023年度の**防衛関係費**は約10兆円で、前年にくらべて2倍近くに増えました。2022年12月、岸田文雄内閣は日本が直面する国際情勢に対応するためとして、2023年度から2027年度までの5年間の防衛関係費を総額で43兆円にすることとしました。「反撃能力」のための兵器を購入する費用などにあてます。

多額の国債残高を抱えて財政赤字が続くなか、防衛関係費の大幅な増額に反対する意見もあります。

> **反撃能力（敵基地攻撃能力）**
> 敵国の日本へのミサイル発射を察知した場合、発射前に日本から敵国のミサイル基地などを攻撃する能力。岸田内閣は、これまで保有しないとしてきたこの能力を保有することを認めた。日本国憲法第9条にもとづき、先に攻撃しないとしてきた日本の安全保障政策を大きく変えるともいわれている。

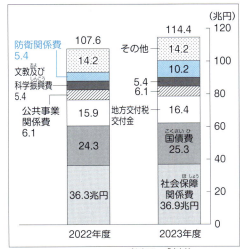
▲国の予算の歳出の内訳

ここが出る!?　貿易赤字　円安　防衛関係費　国債

基 本 問 題

4　経済と財政

▶解答は　88ページ

1 2022年度の日本の貿易は、輸入額が輸出額を上回る貿易　①　になりました。貿易　①　の額は約22兆円で、過去最大になりました。

①

2 円とドルの交換比率が、1ドル＝100円から1ドル＝120円になるような動きを　②　といいます。日本にとって、　②　は　③　のときに不利になります。

②

③

```
円/ドル
70
80
90
100
110
120
130
140
150
1998 2000  05   10   15   20  23年
```

▲ドルに対する円の為替の動き

3 原油・　④　・石炭などの化石燃料の輸入価格が上がったために、　⑤　料金やガス料金などの公共料金が値上げされました。また、トラックの走行距離に応じて消費する　⑥　費も上がったため、宅配便の料金も値上げされました。

④

⑤

⑥

4 2022年の日本の農林水産物と食品の輸出額の合計は1兆4000億円あまりで、過去最高となりました。とくに輸出額が多いものの1つに、サロマ湖や陸奥湾での養殖で知られる　⑦　があります。輸出相手先は、1位が　⑧　、2位は香港、3位がアメリカでした。

⑦

⑧

5 国の税収が不足し、　⑨　を発行して補っている状態を　⑩　といいます。日本の　⑨　の発行残高はすでに1000兆円を超えており、国民1人あたりにあてはめてみると約800万円の借金をしていることになります。

⑨

⑩

6 2023年度予算の　⑪　関係費は約10兆円で、前年にくらべて2倍近くに増えました。2022年12月、政府は、2023年度から2027年度までの5年間の　⑪　関係費を総額で43兆円とする計画を決めました。

⑪

7 岸田文雄内閣は、これまで日本が保有しないとしてきた、敵国が日本にミサイルを発射する前に日本が敵国のミサイル基地を攻撃する　⑫　能力の保有を認めることを、2022年12月に閣議決定しました。これは、日本国憲法第　⑬　条にもとづいて先に攻撃しないとしてきた日本の安全保障政策を大きく変えるものともいわれています。

⑫

⑬

発展問題

次の文を読んで、後の問いに答えなさい。

2022年以降、さまざまなものの値上がりが人々のくらしを圧迫しています。ロシアによるウクライナ侵攻の影響などから、原油や天然ガスの輸入価格が上がり、　A　などの値上げにつながっています。また、小麦や　B　も、世界有数の輸出国である両国からの輸出が減ったことに加えて、アメリカでの不作も重なり、国際的な価格が上がりました。これらの多くを①輸入に頼っている日本でも、小麦を原料とする　C　や、　B　を飼料とする畜産物など、多くの食品が値上げされています。みなさんも②スーパーマーケットなどで値上げを目にしてきたことでしょう。

一方で、物価の上昇が③国の財政を潤すという側面もあります。2022年度の国の税収は過去最高となりましたが、その1つの要因として、物価高にともなう消費税の税収増があります。

問1　　A　にあてはまるもののうち、公共料金ではないものを次から選んで、記号で答えなさい。
　　ア　電気料金　　イ　ガス料金　　ウ　ガソリン代

問2　　B　にあてはまる穀物の名を答えなさい。

問3　　C　にあてはまるものとして正しくないものを次から選んで、記号で答えなさい。
　　ア　パン　　イ　チーズ　　ウ　パスタ　　エ　ケーキ

問4　下線①について、　D　は日本の輸入に不利になります。また、2022年の日本は輸入額が輸出額より　E　、貿易　F　となりました。　D　～　F　にあてはまることばをそれぞれ次から選んで、記号で答えなさい。
　　ア　円高　　イ　円安　　ウ　少ない
　　エ　多い　　オ　赤字　　カ　黒字

問5　下線②について、右上のグラフⅠは、次のア～エのいずれかの販売額の推移を示したものです。あ～えにあてはまるものをそれぞれ次から選んで、記号で答えなさい。
　　ア　コンビニエンスストア　　イ　百貨店（デパート）
　　ウ　スーパーマーケット　　エ　通信販売

問6　下線③について、右のグラフⅡは国の歳出の内訳を示したものです。お～くにあてはまるものをそれぞれ次から選んで、記号で答えなさい。
　　ア　文教及び科学振興費　　イ　防衛関係費
　　ウ　社会保障関係費　　エ　国債費

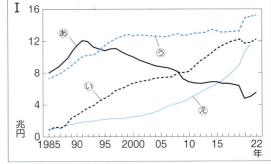

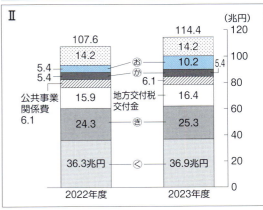

地球環境問題とエネルギー

5 環境とエネルギーのゆくえ

▲ドイツで最後に停止した原子力発電所の前で、「原発がついに終わる」という横断幕をかかげて祝う人たち（4月）

なぜドイツは原子力発電をやめたの？

2023年4月、ドイツは、すべての原子力発電所を停止する、「脱原発」を実現しました。なぜ、ドイツは原子力発電所を停止したのでしょうか。

環境先進国といわれるドイツでは、原子力発電について、発電時に二酸化炭素を出さないことを理由に賛成する声と、放射性物質によって汚染されてしまう事故などのおそれがあることを理由に反対する声のそれぞれが主張されていました。

2011年3月の東日本大震災で発生した福島第一原子力発電所の事故を受け、ドイツは「脱原発」政策をすすめ、原子力発電所の稼働を順次停止し、風力や太陽光などの再生可能エネルギーの割合を増やしてきました。一方で、ロシアのウクライナ侵攻により、ロシアからドイツへの天然ガスの供給が削減されてガスや電気料金が値上がりしたこと、原子力発電に代わり二酸化炭素排出量が多い石炭火力発電の割合が増えたことを理由に、脱原発に反対する人もいます。エネルギーの安定供給は日本にとっても重要な課題となっています。

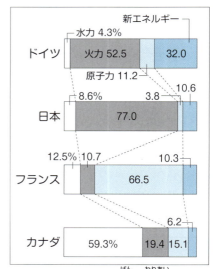

▲発電のエネルギー源の割合（2020年）

ニュースの視点① 二酸化炭素の排出量は減っているの？

(1) **パリ協定で決まったことは？**……2015年にフランスの首都パリで開かれたCOP21で、京都議定書（1997年に採択）に代わる、2020年以降の新たな枠組みが決まりました。これが**パリ協定**です。

先進国だけでなく、発展途上国を含めたすべての国に温室効果ガスの削減を義務づけ、世界の平均気温上昇を産業革命の前とくらべて2℃、できれば1.5℃までにおさえることが目標とされました。

(2) **しかし、二酸化炭素排出量が過去最高に**……2023年3月、2022年の二酸化炭素の排出量は前年比0.9%増となり、過去最高を記録したことが発表されました。ロシアによるウクライナ侵攻で天然ガスが値上がりし、石炭の利用が増えたことなどが理由と考えられています。

気候変動枠組条約

温室効果ガスの濃度を安定させることを目的に、1992年に国連総会で採択された条約。条約を結んだ国による会議（COP）は、年1回開かれる。2023年11月には産油国であるアラブ首長国連邦でCOP28が開かれる。

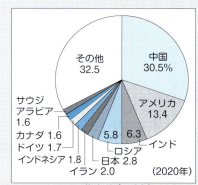
▲二酸化炭素排出量の割合

ニュースの視点② 日本の「脱炭素社会」への動きは？

(1) **脱炭素とは？**……温室効果ガスの大半を占める二酸化炭素を出さないことです。政府は2050年までに温室効果ガスの排出量を実質的にゼロとすることを目標にしています。

温室効果ガスについて、産業活動や家庭などで排出される量から、森林などが吸収する量を差し引いて、全体として排出量をゼロにすることを**カーボンニュートラル**といいます。

(2) **GX（グリーントランスフォーメーション）とは？**……おもなエネルギー源を化石燃料から再生可能エネルギーに転換して脱炭素社会をめざしつつ、経済成長も実現させていく取り組みです。

政府は、2050年には再生可能エネルギーの割合を発電量全体の50%以上にすることをめざしています。

そのために、洋上風力発電や水素発電（水素と酸素の化学反応によって発電し、二酸化炭素を排出しない）の本格導入、蓄電池・電気自動車などの普及をすすめています。

▲太陽光でつくった電気をたくわえられる車庫
車庫の天井が太陽電池パネルとなっており、電気を蓄電池に蓄え、電気自動車に供給できる。

石炭火力発電

石炭は埋蔵量が豊富で、世界中に広く分布し価格も安い。一方、二酸化炭素排出量が多い。このため、世界的に石炭火力発電所を削減・廃止する流れが強まっている。

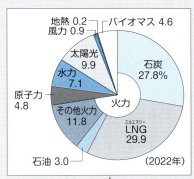
▲日本の発電量に占めるエネルギー源の割合
火力発電が全体の72.5%を占めている。

ここが出る!? 脱原発　温室効果ガス　パリ協定　カーボンニュートラル　GX

基本問題

5 地球環境問題とエネルギー

▶解答は 88ページ

1 2023年4月、ヨーロッパの ① で、すべての原子力発電所が稼働をやめる、「脱原発」が実現しました。 ② 年の東日本大震災のとき、 ③ 県の原子力発電所で起こった事故がきっかけとなり、「脱原発」の方針が示されました。

2 石油や石炭などの ④ 燃料とちがい、風力や太陽光のようにエネルギー源としてくり返し利用できるものを ⑤ エネルギー、あるいは自然エネルギーといいます。

3 二酸化炭素のように、太陽から放出される熱を地球周辺の大気に閉じ込めて、地表をあたためる働きをする気体を ⑥ ガスといいます。二酸化炭素の排出量が世界で最も多い国は ⑦ 、2番目に多い国は ⑧ です。

4 ⑥ ガスの濃度を安定させることを目的に採択された条約の名が ⑨ 枠組条約です。この条約を結んだ国により開かれる会議の略称が ⑩ です。

5 2015年、フランスの ⑪ で開かれた第21回 ⑨ 枠組み条約締約国会議で、世界の気温上昇を ⑫ の前にくらべて2℃、できれば1.5℃におさえることが目標とされました。

6 二酸化炭素の排出量が多い、 ⑬ を燃料とする火力発電について、削減・廃止しようという国際的な動きがみられます。

7 ⑥ ガスの排出量を、植林や森林管理などによる二酸化炭素吸収によって、実質的にゼロとする考え方を ⑭ といいます。

8 自然エネルギーを主軸とし、脱炭素を行いながら、経済を成長させる考えを「グリーントランスフォーメーション（略称は ⑮ ）」といいます。それを実現させる方法として、洋上 ⑯ 発電や電気自動車の普及があります。

①

②

③

④

⑤

⑥

⑦

⑧

⑨

⑩

⑪

⑫

⑬

⑭

⑮

⑯

発展問題

次の文を読んで、後の問いに答えなさい。

　　2015年、 A で開催されたＣＯＰ21では、①地球温暖化の進行を抑えるために、先進国だけでなく、発展途上国も参加して対策をすすめることが定められました。また、2021年にイギリスで開催されたＣＯＰ26では B 前にくらべて、気温上昇幅を1.5℃に抑えることが共通目標とされました。

　 B とは、18世紀半ばから19世紀の初めにみられた社会の変化のことです。石炭を用いた C 機関が、船や鉄道、工場などで広く利用されることで②二酸化炭素の排出量が大幅に増えました。

　 A 協定の目標達成に向けて、いまのままでは、今世紀末までの気温上昇は2.5℃に達するという見方があります。「 D な社会」をめざし、いっそうの努力が求められています。日本は、2050年までに二酸化炭素などの温室効果ガスの排出量を実質ゼロにする目標をかかげています。③原子力発電の割合を増やすこともその一つですが、2011年に福島県で起こった原子力発電所の事故からの復興がいまだに達成されていないなか、反対する意見も聞かれます。脱炭素社会の実現に向けて、私たちも④二酸化炭素の排出量削減につながる生活を意識することが大切です。

問1　次の問いに答えなさい。
1　 A にあてはまる都市を次から選んで、記号で答えなさい。
　　ア　京都　　　　　　イ　パリ　　　　　　ウ　リオデジャネイロ　　エ　ストックホルム
2　 B ・ C にあてはまることばをそれぞれ答えなさい。
3　 D について、2015年の国連総会で、 D な開発目標（ＳＤＧｓ）が定められました。 D にあてはまることばを答えなさい。

問2　下線①の影響と考えられることとして正しくないものを次から選んで、記号で答えなさい。
　　ア　洪水や干ばつが増えます。　　　　　　イ　農業の収穫高や水産業での漁獲高が減ります。
　　ウ　海面上昇で島国の国土面積が減ります。　エ　紫外線が増え、皮膚がんなどの病気が増えます。

問3　下線②の2022年の排出量は過去最高でした。その理由として、ウクライナに侵攻したロシアが、 E の輸出を削減したため、火力発電の燃料として F が多く使われたことがあげられます。
　　 E ・ F にあてはまるものをそれぞれ次から選んで、記号で答えなさい。
　　ア　石炭　　　　　　イ　石灰石　　　　　　ウ　天然ガス　　　　　　エ　ウラン

問4　下線③について、2023年４月に「脱原発」を実現した国を次から選んで、記号で答えなさい。
　　ア　ドイツ　　　　　　イ　フランス　　　　　　ウ　エジプト　　　　　　エ　アラブ首長国連邦

問5　下線④について述べた文として正しいものを次から２つ選んで、記号で答えなさい。
　　ア　公共交通機関の利用をひかえます。　　　イ　住宅の屋根に太陽光発電のパネルを設置します。
　　ウ　家庭での食品ロスを減らします。　　　　エ　輸入農産物は、日本から遠い国のものを選びます。

問1	1		2	B		C		機関	3	
問2		問3	E		F		問4		問5	

35

あなたが生まれてから ～この12年の動き～

みなさんが生まれたときから現在までの間には、日本でも世界でも大きなできごとがありました。この12年間に、何がおこったのか、年表や写真とともにふりかえってみましょう。

年	日本の動き		日本の首相		世界の動き	
2011	3月	① 大震災がおこる		菅直人 野田佳彦	10月	世界の人口が70億人になる
			9月～	↑ 民主党 ↓		
2012	12月	衆議院議員総選挙で自民党が勝利し、2009年以来の ② が行われる	12月～	安倍晋三	5月	プーチン氏が ③ の大統領に再び就任する
2013	7月	参議院議員選挙で自民党が勝利する			3月	バチカン市国のカトリック教会でフランシスコ教皇が就任する
2014	4月	④ の税率が5%から8%になる			3月	③ が隣国 ⑤ の領土であるクリミア半島を併合する
	12月	衆議院議員総選挙で自民党が勝利する				
2015	3月	⑥ 新幹線が金沢駅まで延伸される			9月	国連サミットで、⑦ （持続可能な開発目標）が採択される
2016	3月	北海道新幹線の一部が開通する			6月	イギリスで国民投票が行われ、イギリスが ⑧ から離脱することが決まる
	7月	参議院議員選挙で18歳・19歳の人が初めて投票する				
2017	10月	衆議院議員総選挙で自民党が勝利する			7月	⑨ 禁止条約が採択される
2018	6月	民法が改正され、2022年4月から成人年齢が ⑩ 歳に引き下げられることが決まる			6月	アメリカのトランプ大統領と北朝鮮の ⑪ 委員長が初めて会談を行う
2019	5月	元号が ⑫ に代わる		自民党	6月	G20サミットが日本の ⑬ 市で行われる
	7月	参議院議員選挙で自民党が勝利する				
	10月	④ の税率が8%から10%になる				
2020	4月	初めて緊急事態宣言が出される	9月～	菅義偉		新型コロナウイルス感染症が世界的に大流行する
	7月	レジ袋が原則として有料化される				
2021	7月～9月	⑭ でオリンピック・パラリンピックが開かれる			1月	⑮ 氏がアメリカの大統領に就任する
	10月	衆議院議員総選挙で自民党が勝利する	10月～	岸田文雄	2月	ミャンマーでクーデターがおこる
2022	7月	安倍晋三元首相が銃撃され、死亡する			2月	③ が ⑤ に侵攻する
	7月	参議院議員選挙で自民党が勝利する			5月	⑰ の大統領に尹錫悦氏が就任する
	9月	⑯ 新幹線の一部が開通する				

解答は89ページ

日本では

1 政治面では、それまでの自由民主党（自民党）中心の政権から、2009年に民主党中心の政権へと**政権交代**が行われました。2012年、自民党が与党となり、再び政権交代が行われました。その後は、自民党と公明党による連立内閣である安倍晋三内閣が続きました。（☞37ページ）

2 経済面では、2011年に**東日本大震災**の影響で31年ぶりの貿易赤字となり、以後貿易赤字と貿易黒字をくり返しています。原子力発電の割合が減り、燃料を輸入に頼る火力発電の割合が増えました。

世界では

1 冷戦が終結した後も、世界各地で**地域紛争**や**民族紛争**、**宗教による対立**などがあとを絶ちません。

2 核兵器などの大量破壊兵器を持つ国や**テロ**の広がりが心配されるようになりました。

3 2010年ごろから、北アフリカや中東の国々で、独裁政権を倒し、民主化を求める動き（アラブの春）がおこりました。しかし、政府側が武力で弾圧したり、新しい国づくりが困難をきわめたりしました。

4 **環境問題**や、テロの原因の一つともいわれている**貧困**の問題など、まだ多くの課題が残されています。

日本の動き

2011年
東日本大震災が発生

▲仙台平野をおそった大津波

2011年3月11日午後2時46分、宮城県の牡鹿半島沖を震源とする東北地方太平洋沖地震がおこりました。地震の規模を示すマグニチュード（M）が9.0という、観測可能になって以来、日本で起きた最大の地震でした。

この地震で、東北地方と関東地方の太平洋沿岸に、**津波**による大きな被害がもたらされました。この**東日本大震災**による死者・行方不明者は1万8000人あまりとなり、死者の90％以上は、津波によって命を落とした人でした。

東京電力の**福島第一原子力発電所**では、津波の影響により原子炉を冷却できなくなったことで爆発がおこり、建物が壊れました。この結果、**放射性物質**が大量に放出され、広い地域が汚染されました。今も多くの人々が避難生活を強いられています。（☞4・8ページ）

2012年
自民党を中心とする内閣が成立し、再び政権が交代

◀衆議院議員総選挙の当選者名に花をつける安倍晋三自民党総裁

1955年に**自由民主党（自民党）**ができ、与党が自民党、最大の野党が日本社会党（社会党）という、**55年体制**とよばれる時期が続きました。1993年、自民党以外の政党などによる細川護熙内閣が誕生しましたが、翌年以降は自民党中心の連立内閣が続きました。2009年には、民主党を中心とする鳩山由紀夫内閣が誕生し、**政権交代**が実現しました。

2012年11月に衆議院が解散され、12月に**衆議院議員総選挙**が行われました。この結果を受けて召集された**特別国会**で、自民党総裁の**安倍晋三**氏が内閣総理大臣に指名され、3年3か月ぶりに自民党と公明党が与党となりました。

2016年
選挙権が18歳以上に

◀2016年7月に高校で行われた参議院議員選挙の期日前投票（千葉県）

2015年の**公職選挙法**改正によって、選挙で投票できる年齢が20歳以上から**18歳以上**に引き下げられました。投票できる資格が変更されたのは、太平洋戦争が終わった1945年に「25歳以上の男子」から「20歳以上の男女」になって以来、70年ぶりのことでした。2016年に行われた参議院議員選挙で、この新しい選挙権の資格が適用されました。

1890年に日本で初めて帝国議会の衆議院議員総選挙が行われたときは、納税額や性別による制限があったため、有権者は国民の約1％でした。2016年の参議院議員選挙のときには、国民の約83％が有権者となりました。

37

日本の動き

2018年
2022年から、成人年齢が18歳以上に

▲成人の日（1月の第2月曜日）に成人式の式典に出席する新成人

　2018年6月、**民法**（財産や家族などについて定めた法律）が改正されました。これにより、2022年4月から成人年齢が20歳以上から**18歳**以上に引き下げられました。成人年齢の見直しは、1876年以来、約140年ぶりでした。また、結婚できる年齢は、女性が16歳以上から18歳以上に引き上げられ、男女とも18歳以上となりました。憲法改正の国民投票や選挙権の年齢はすでに18歳以上となっており、今回の民法改正によって、18歳以上が「大人」ということになります。

　また、裁判員の資格をもつ年齢も、2023年1月以降、20歳以上から18歳以上に引き下げられました。なお、競馬などの公営ギャンブルや飲酒・喫煙は、今までどおり20歳未満は禁止です。

2019年
元号が「令和」に

▲即位後朝見の儀でおことばを述べられる天皇陛下と皇后雅子さま（皇居）

　2019年4月30日、天皇陛下が退位され、1989年1月8日に始まった平成時代が終わりました。翌5月1日、退位された陛下は**上皇**陛下となり、新しい天皇陛下が即位されて、元号も平成から**令和**に改められました。元号については、明治以来、一人の天皇に対して一つの元号を制定する「**一世一元の制**」が採られています。

　天皇の位を受け継ぐことができる者は、**皇室典範**という法律により、天皇家の血筋を受け継ぐ男性と定められています。しかし、現在この資格をもつ人が非常に少なく、皇位の継承が難しくなる事態を心配する声もあります。

2021年
東京でオリンピック・パラリンピック開催

▲東京オリンピックの開会式が行われた国立競技場

　2021年7〜8月、東京2020オリンピック競技大会が開催されました。この大会は2020年に行われる予定でしたが、**新型コロナウイルス**の感染が世界的に拡大したため、開催が1年延期されました。2021年に入っても感染拡大が続いていたため、ほとんどの会場は無観客で競技が行われました。

　8〜9月には、障がいがある人々によるスポーツの世界的な競技大会である**パラリンピック**が開催されました。東京では、1964年にもパラリンピックが開かれており、同一都市で夏季のパラリンピック大会が2回開催されるのは史上初となりました。

38

世界の動き

2014年
ロシアがクリミア半島を併合

▲クリミア半島をロシアに編入することを宣言するロシアのプーチン大統領

2014年3月、ロシアの隣国ウクライナのクリミアという地域でロシアへの編入の賛否を問う住民投票が行われ、賛成票が95％を超えました。クリミアは、ヨーロッパ連合（EU）との関係を深めようとするウクライナからの独立を宣言しました。クリミアにはロシア系の住民が多く住んでいます。ロシアのプーチン大統領は「クリミアをロシアの領土に編入する」と宣言しました。このため、ロシアと、ウクライナやヨーロッパ諸国、そしてアメリカとの関係が悪化しました。

主要国首脳会議（サミット）は、1998年からロシアをくわえて**G8サミット**とよばれてきましたが、この年以降、ロシアの参加が停止されて**G7サミット**となっています。（☞2ページ）

2015年
国連サミットで、SDGsが採択される

▲SDGsの17の目標

2015年9月、ニューヨークの国連本部で「国連持続可能な開発サミット」が開かれて、SDGsが採択されました。SDGsとは、"Sustainable Development Goals"の略で、日本語で「**持続可能な開発目標**」といいます。地球を守るために解決しなければならない課題に対する17の目標と、具体的内容を示した169のターゲットからなっていて、「**誰一人取り残さない**」というスローガンのもと、先進国であるか発展途上国であるかにかかわらず、2030年までに達成するとしています。

2017年
核兵器禁止条約が採択される

▲「核兵器は道徳に反するものだったが、今日からは法律に反するものになった」と演説し、拍手を送られる被爆者のサーロー節子さん（中央）

2017年7月、ニューヨークの国連本部で、核兵器の開発や保有、使用などを法的に禁止する初めての条約である**核兵器禁止条約**が、122か国の賛成で採択されました。

条約の前文には、日本語の被爆者ということばがそのまま使われ、「ヒバクシャが受けた、容認できない苦しみと被害を心に留める」と記されました。条約の実現に貢献したNGO（非政府組織）の「核兵器廃絶国際キャンペーン（ICAN）」は、この年の**ノーベル平和賞**を受賞しました。

2021年1月、核兵器禁止条約は発効しました。しかし、アメリカなどの核保有国や、アメリカの「核の傘」に守られている日本などの同盟国は、この条約に参加していません。（☞17ページ）

世界の動き

2018年
史上初の米朝首脳会談

▲シンガポールで初の首脳会談を行った金正恩委員長（左）とトランプ大統領（右）

　2018年6月、アメリカの**トランプ**大統領と北朝鮮（朝鮮民主主義人民共和国）の**金正恩**委員長の間で、史上初の米朝首脳会談が行われました。両国は、1950年に始まった**朝鮮戦争**以降、厳しい対立を続けてきました。また、北朝鮮は2006年以降、アメリカに対抗するために**核実験**をたびたび行ってきました。この会談では、朝鮮半島に平和が続く体制をつくるため、ともに努力することなどが確認されました。

　両首脳は、2019年の2月と6月にも会談を行いましたが、北朝鮮の非核化をめぐる両者の認識のちがいは解消されませんでした。

2020年
新型コロナウイルス感染症、世界的に大流行

▲感染の拡大を防ぐために都市封鎖（ロックダウン）した中国の武漢市

　2020年3月、**世界保健機関（WHO）** は、新型コロナウイルス感染症（COVID-19）が世界的な大流行（**パンデミック**）となっていることを宣言しました。新しい感染症が短期間にパンデミックとなった背景には、人やモノなどの動きで世界が一体化する**グローバル化（グローバリゼーション）** が進んでいたことがあげられます。感染拡大を防ぐために、世界中でマスクの着用がすすめられました。また、多くの国際会議がオンライン（リモート）形式で行われたり、中止されたりしました。夏に開催予定だった東京オリンピック・パラリンピックも2021年への延期が決まりました。2021年には、各国で**ワクチン**の接種が始まりました。2023年以降も流行は終息していません。（☞46ページ）

2021年
ミャンマーで、軍がクーデター

▲アウンサンスーチー氏の解放などを求めるデモ。指を3本立てるのは抗議の意味とされる

　2021年2月、東南アジアの**ミャンマー**で、軍がクーデター（暴力的な方法で政権をうばうこと）をおこしました。

　10年ほど前まで軍による政治が行われていたミャンマーでは、少しずつ民主化が進んでいました。この民主化の実質的な指導者で、1991年のノーベル平和賞受賞者でもあった**アウンサンスーチー**氏も、軍に拘束されました。

　2020年11月の総選挙で、アウンサンスーチー氏の率いる政党が圧勝し、軍が後押しする政党が負けました。負けを認めようとしない軍は「選挙に不正があった」と主張し、政権をうばったのです。

　非常事態宣言が続くミャンマーでは、2023年内に行われるとした総選挙の実施が延期されました。

発展問題

この12年の動き

▶解答は　89ページ

この12年間に関する次の文を読んで、後の問いに答えなさい。

　　現在の小学6年生の多くが生まれた2011年（平成23年）は、①東日本大震災が発生した年として歴史に刻まれています。当時の菅直人内閣はその約半年後に総辞職し、野田佳彦内閣が成立しました。これらの内閣はともに、2009年の政権交代で与党となった民主党を中心とする連立内閣でした。2012年の末には再び政権が交代し、自由民主党の　　A　　氏がその後②7年8か月にわたって首相をつとめました。2015年、公職選挙法が改正され、選挙で投票できる年齢が　　　B　　　引き下げられました。この改正が適用された2016年の参議院議員選挙では、国民の約83％が有権者となりました。2018年には民法が改正され、2022年4月から成人年齢が　　　B　　　引き下げられました。

　　世界では、2011年に人口が《　a　》を超え、その後も人口　C　といわれるほどに増え続けています。2022年には、世界の人口が《　b　》を超えたと発表されました。各地では、民族や宗教のちがいによる内戦・紛争やそれにともなう難民の増加、過激な思想をもつ人々によるテロが絶えません。2022年には、　D　が隣国のウクライナに侵攻し、2023年になっても戦いが続いています。経済面では、21世紀になるころから、ＢＲＩＣＳとよばれる新興国が急速に経済を発展させてきました。なかでも　E　のＧＤＰは2010年に日本をぬき、アメリカに次いで世界第2位となりました。そして、2020年に世界に広まった新型コロナウイルス感染症は、世界経済を大きく混乱させました。

　　③2023年は、いくつかの点で節目の年にあたります。7月には広島でＧ7サミットが開かれました。　D　によるウクライナ侵攻は、今も世界の政治や経済に深刻な影響をあたえています。これからおこるさまざまなできごとについても、しっかりと関心をもっていきましょう。

問1　　A　・　C　～　E　にあてはまることばをそれぞれ答えなさい。

問2　　　B　　　にあてはまる内容を、解答らんに合うように答えなさい。

問3　《　a　》・《　b　》にあてはまるものをそれぞれ次から選んで、記号で答えなさい。

　　ア　60億人　　　　　イ　70億人　　　　　ウ　80億人　　　　エ　100億人

問4　下線①について、東北地方太平洋沖地震が発生した日時を次から選んで、記号で答えなさい。

　　ア　1月17日午前5時46分　　　　イ　3月11日午後2時46分　　　　ウ　9月1日午前11時58分

問5　下線②について、この期間のできごとにあてはまらないものを次から選んで、記号で答えなさい。

　　ア　元号が平成から令和に代わる。　　　　イ　消費税の税率が5％から8％になる。
　　ウ　東京でオリンピックが開かれる。　　　　エ　消費税の税率が8％から10％になる。

問6　下線③として正しくないものを次から選んで、記号で答えなさい。

　　ア　第一次石油危機から50年　　　　イ　関東大震災から100年
　　ウ　徴兵令発布から150年　　　　エ　江戸幕府成立から400年

問1	A		C		D		E		
問2		歳以上から		歳以上に	問3	a		b	問4	問5	問6

41

6 築けるか？ 隣国との新しい未来

近隣諸国の動き

▲岸田文雄首相夫妻と平和記念公園内の「韓国人原爆犠牲者慰霊碑」を訪れた尹錫悦大統領（右から3人目）夫妻。慰霊碑には、朝鮮の文字であるハングルも刻まれている（5月・広島市）

日本と韓国の関係は、どうなっているの？

Q 2023年5月、韓国（大韓民国）の尹錫悦大統領が、G7広島サミットにあわせて日本を訪問しました。日本と韓国の関係は、どうなっているのでしょう。

A 2022年5月に**尹錫悦**氏が韓国の大統領になってから、日本と韓国の関係は、急速に改善に向かっています。

それまでの両国の関係は、「1965年の国交正常化以降、最悪」といわれ続けてきました。なかでも、2018年、韓国の裁判所がいわゆる**徴用工**（戦時中に朝鮮半島から日本の工場や炭坑に動員された人）への賠償金を支払うように日本企業へ命じたことは、両国の関係を悪化させました。

尹大統領は、就任後、「日本はすでに数十回、過去の歴史について反省と謝罪を表明している」と発言しています。2023年3月からの2か月で、日韓首脳会談は3回も行われました。

両国の間には、**竹島**の領有をめぐる見解のちがいをはじめさまざまな課題がまだ残されています。政治家だけではなく、民間人の交流もさらに活発化し、ゆるぎない両国関係を構築していきたいものです。

▲徴用工問題の解決策に反対する集会（3月・ソウル）

日本政府は、1965年に日韓基本条約とともに結ばれた協定によって、韓国への賠償問題は解決ずみとしている。2023年3月、尹大統領は、日本企業に代わって、韓国政府の下に設けられた財団が賠償金を支払うという解決策を提案したが、韓国では反発する声も多い。

42

ニュースの視点 ① 北朝鮮の動きは？

(1) **あいつぐミサイルなどの発射**……金正恩氏を最高指導者とする北朝鮮（朝鮮民主主義人民共和国）は、かねてから核開発やミサイルの発射実験を行ってきました。2023年もミサイル発射実験がたびたび行われ、なかには日本の**排他的経済水域**内に落下したものもあります。

国連の**安全保障理事会**は、いままで何度も緊急会合を開いていますが、**拒否権**をもつ中国とロシアが北朝鮮寄りの姿勢をとっているため、有効な対策を打ち出すことができていません。

(2) **日本と北朝鮮の関係は？**……韓国とは1965年に**日韓基本条約**を結び、国交が開かれましたが、北朝鮮とはいまだに国交がありません。2002年に**小泉純一郎**首相が北朝鮮を訪問し、一部の拉致被害者の帰国が実現しましたが、その後、進展はみられていません。

2023年8月、安全保障理事会は、6年ぶりに北朝鮮の人権問題についての会合を開きましたが、一致した対応はとれませんでした。会合終了後、50か国以上の国々が共同声明を発表し、日本人拉致問題をふくむ北朝鮮の人権状況を非難しました。

北朝鮮の日本人拉致問題

1970年代を中心に多くの日本人が北朝鮮によって無理やり連れ去られた問題。2002年に日朝首脳会談が行われ、一部の拉致被害者の帰国が実現した。拉致被害者の家族の高齢化がすすむなか、いまだに帰国できない人がいる。

ニュースの視点 ② 中国の動きは？

(1) **中国の人口、61年ぶりに減少**……中国の人口（香港・マカオを除く）は、2022年末の時点で14億1175万人となり、前の年とくらべて85万人減少しました。中国では30年以上にわたって、増えすぎる人口をおさえるために「**一人っ子政策**」が行われてきました。現在ではこの政策は廃止され、出産をすすめるようになっていますが、少子化は止まっていません。

(2) **台湾をめぐる問題**……1949年、中国共産党によって**中華人民共和国**（中国）が建国されると、中華民国政府は**台湾**に移りました。中国は、台湾は自国の一部であり、統一すべきだという考え（「一つの中国」）を主張しています。このため、現在、アメリカや日本をはじめ多くの国々は中華人民共和国を中国の合法的な政府と認める一方、台湾と国交を結んでいません。

2024年1月には、台湾の総統選挙が行われます。任期を終える**蔡英文**総統の後をどのような人物が担うのか、注目されます。

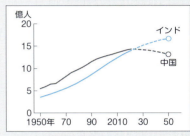

▲中国とインドの人口

国連によると、2023年の半ばにインドの人口が中国の人口を上回り、世界一になった。

インド	2.18
フランス	1.83
ブラジル	1.71
中国	1.70
アメリカ	1.64
イギリス	1.56
ドイツ	1.53
日本	1.26
台湾	0.99
韓国	0.84

▲おもな国・地域の合計特殊出生率

（日本は2022年、他は2020年）
台湾や韓国でも、経済発展にともなって少子化が急速に進行している。

ここが出る!?

尹錫悦　竹島　金正恩　日韓基本条約　一人っ子政策

基本問題

6 近隣諸国の動き

▶解答は 89ページ

1 2018年、 ① の裁判所が、日本の企業に対して戦時中に動員された徴用工への賠償金を支払うように命じる判決を出しました。これに対して日本政府は、1965年、 ② 条約とともに結ばれた協定によって賠償問題は解決ずみであるとの立場をとっています。なお、 ② 条約は ③ 首相のときに結ばれました。 ① の尹錫悦大統領は、徴用工への賠償金を支払うように命じられた日本企業に代わって、 ① 政府の下に設けられた財団が支払うという解決策を2023年3月に提案しました。

①

②

③

2 2023年5月、 ① の尹錫悦大統領が日本を訪問し、広島市の平和記念公園にある「 ① 人原爆犠牲者慰霊碑」を岸田文雄首相とともに訪れました。この慰霊碑には、朝鮮半島の人々が用いる文字である ④ も刻まれています。

④

3 ⑤ 氏を最高指導者とする北朝鮮は、2023年にもたびたびミサイル発射実験などを行っています。国際連合の ⑥ 理事会では、何度も緊急会合を開きましたが、 ⑦ をもつ常任理事国の中国やロシアが北朝鮮寄りの姿勢をとっているため、一致した対応をとることができていません。

⑤

⑥

⑦

4 日本と北朝鮮の間には、日本人が北朝鮮に無理やり連れて行かれ、その多くが帰国できていないという日本人 ⑧ 問題があります。

⑧

5 中国の人口（香港・マカオを除く）は、2022年末の時点で、 ⑨ 億1175万人となり、61年ぶりに減少しました。中国では、30年以上にわたって、人口増加を抑制するために「 ⑩ 政策」が行われました。いまでも少子化に歯止めがかかっていません。

⑨

⑩

6 2023年4月、国際連合は、2023年のうちに ⑪ の人口が中国の人口を上回り、世界一になると発表しました。

⑪

7 ⑫ 年、中国共産党によって ⑬ 主義国家である中華人民共和国（中国）が建国されると、アメリカの援助を受けていたそれまでの中華民国政府は ⑭ に移りました。2024年1月には、 ⑭ の総統選挙が行われます。

⑫

⑬

⑭

44

発展問題

次の文を読んで、後の問いに答えなさい。

　戦後の日本と韓国の関係は、1965年に結ばれた　A　条約が出発点になっています。このときの交渉では、韓国は「日本による植民地支配は違法であった」と主張し、日本は「①韓国併合条約は国際法上、合法的に結ばれた」と主張しました。こうした双方の主張に配慮して、　A　条約では、韓国併合条約について「もはや無効である」という表現になりました。また、このときに結ばれた日韓請求権協定によって、韓国は過去の植民地支配に関する日本への請求権を放棄することになり、代わりに日本は韓国に対して、②当時の韓国の国家予算を大きく上回る経済援助を行うことになりました。ところが、2018年、韓国の裁判所は、日本による植民地支配は違法だったとして、日本の企業に対して、強制的に働かされていた韓国人労働者（徴用工）への損害賠償を命じたのです。そして、日韓関係は「国交正常化以来、最悪」の状態とよばれるほどに悪化しました。

　2022年に韓国の大統領に就任した　B　氏は、③中国寄りであった前大統領の姿勢を改め、アメリカや日本との関係の改善をめざしました。2023年3月、　B　大統領は、日本企業に代わって韓国政府の下にある財団が賠償金を支払うという解決策を提案しました。しかし、徴用工だった人のなかにはこの解決策に反対する人もいます。また、日本と韓国の間には、　C　の領有をめぐる問題なども残されています。

問1　A・Cにあてはまることばをそれぞれ答えなさい。
問2　Bにあてはまる人物を次から選んで、記号で答えなさい。
　　ア　金正恩　　　　イ　習近平　　　ウ　蔡英文　　　エ　尹錫悦
問3　下線①が結ばれた西暦年を答えなさい。また、この「韓国」とは現在の北朝鮮もふくむ大韓帝国のことです。現在の北朝鮮について述べた文として正しくないものを次から選んで、記号で答えなさい。
　　ア　核実験を行ったことがあります。
　　イ　国際連合には加盟していません。
　　ウ　日本人拉致問題はいまも解決していません。
問4　下線②には政府開発援助もふくまれます。政府開発援助の略称をアルファベットで答えなさい。
問5　下線③について述べた文として正しくないものを次から選んで、記号で答えなさい。
　　ア　2023年8月、原発事故にともなって発生する処理水を海へ放出することを批判して、日本からの水産物の輸入を全面的に禁止しました。
　　イ　2023年、61年ぶりに人口が減少して13億人を下回り、人口がインドにぬかれました。
　　ウ　台湾については、自国の一部であり、統一すべきであるという「一つの中国」という考えを主張しています。

問1	A		条約	C		問2	
問3	年		年	記号	問4		問5

45

新型コロナウイルス

⑦ 4年目となったコロナ禍のゆくえ

▲4年ぶりに開催された隅田川花火大会には、100万人を超える人が訪れた（7月・東京都台東区）

新型コロナウイルス感染症　何がどう変わったの？

Q 2023年になり、マスクをしない人が増えるとともに、新型コロナウイルスの感染対策がゆるめられました。どのようなことが起きたのでしょうか。

A 日本では、さまざまな感染症の拡大を防ぐため、感染力の強さなどに応じ、法律で感染症を5段階に分けています。2020年2月、**新型コロナウイルス感染症**の世界的な大流行（パンデミック）を受けて、国は、この感染症を5段階の上から2番目にあたる「2類相当」としました。しかし感染者数が落ち着いてきたことなどから、国は2023年5月に「5類」に引き下げました。その結果、さまざまな行動制限がなくなりました。着用は個人の判断にまかせるとした結果、マスクを外す人が多くなりました。また、外国人の日本入国規制がなくなり、訪日外国人（インバウンド）の数が急増しました（☞表紙）。

　感染を疑われる人が多くの医療機関で受診できるようになる一方、それまで無料だった医療費や入院費用は患者が一部負担するようになりました。感染症の扱いは変わりましたが、終息したわけではありません。

▲WHOのテドロス事務局長

WHO（世界保健機関）は、2020年1月に出した「国際的に懸念される公衆衛生上の緊急事態」の宣言を終了することを、5月に発表した。しかし、今後も警戒が必要であると各国によびかけている。

ニュースの視点① 3年あまりにわたる「コロナ禍」の生活

(1) **新しい生活様式**……新型コロナウイルスの感染拡大により、密閉・密集・密接の「3密」をさけること、マスク着用や手洗い・消毒・検温を徹底すること、自宅などで仕事をするテレワーク（リモートワーク）やオンライン会議、時差通勤をすすめることなどの新しい生活様式が求められました。学校でもオンライン授業が行われました。

(2) **経済への影響は？**……外出の自粛が増え、各地のイベントも中止となり、交通機関・観光業・宿泊業は大打撃を受け、人員削減をしたり、廃業したりする企業も増えました。

　政府は、全国民に1人10万円の現金を給付したり、業績が悪化した会社への経済的支援をしたりしました。このほか、旅行費用の一部を国が負担するGo Toトラベルや全国旅行支援などの緊急経済対策を行いました。しかし、このため歳出が急増し、国債の発行残高がますます増大するという問題が生じています。

(3) **売り上げが増えたものは？**……店内での飲食が制限されたため、食事を自宅などに届けてもらうデリバリー、自宅などで食べるために店で買って持ち帰るテイクアウトが増えました。また、自宅での食事が増えたため、売り上げが増えたスーパーもありました。そのほか、宅配便、冷凍食品、ゲーム機、テレビなどの売り上げも増えました。

ニュースの視点② インバウンド、復活へ

　2019年の訪日外国人は3188万人で、その消費額は日本の国内総生産（GDP）のおよそ1％を占める約5兆円となり、インバウンド拡大が期待されていました。しかし、新型コロナウイルスの感染拡大により、東京オリンピック・パラリンピックが1年延期となったうえに無観客となり、2021年の訪日外国人は約25万人と激減しました。

　2022年秋には入国の条件がゆるめられ、円安が続いていることもあり、訪日外国人の数は急速に回復しつつあります。

> **新型コロナウイルスの世界への影響は？**
> 　新型コロナウイルスの感染拡大は、人の移動にとどまらず、モノづくりやモノの移動にも影響をあたえた。特に感染対策が厳しかった中国では、工場や港などで働く人が出勤できずに人手が不足し、世界的な物流の停滞が生じた。たとえば半導体が不足したことで、半導体を多く使う自動車や家庭用電気製品の生産が滞った。コロナ禍で家にこもる人が増え、ゲーム機などの需要が増えたことも、半導体不足の原因の1つにあげられている。

ここが出る!? WHO　3密　テレワーク　インバウンド

▲「3密」をさけることなど、新しい生活様式の定着を訴えるポスター

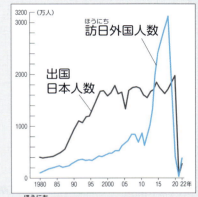

▲訪日外国人数と出国日本人数の移り変わり

訪日外国人（インバウンド）と出国日本人はともに、新型コロナウイルスの感染拡大により、大幅に減少した。

鳥インフルエンザ

2022年秋以降、鳥インフルエンザが流行し、過去最多となる約1770万羽のニワトリが殺処分された。そのため、「物価の優等生」といわれてきた卵の価格が上がり、卵料理の提供をやめた店も出た（☞29ページ）。

基本問題

7 新型コロナウイルス

▶解答は 89ページ

1 新型コロナウイルス感染症（COVID-19）は、2019年12月に中国で報告されてから、わずか数か月ほどの間に世界に広がりました。スイスの ① に本部を置く世界保健機関（略称は ② ）は、翌年1月に「国際的に懸念される公衆衛生上の ③ 」を宣言し、3月には ④ （世界的な大流行）とみなせると発表しました。コロナ禍に突入してから2023年5月までに、世界で、7億人以上の人が感染し、約700万人の人が亡くなったと考えられています。

2 日本では2020年1月に新型コロナウイルス感染者が初めて確認されました。感染が拡大するなか、当時の ⑤ 首相は4月に7都府県に ③ 宣言を出し、さらにそれを全国に拡大しました。また、「東京 ⑥ ・ ⑦ 」を1年、延期することを決定しました。

3 感染対策のため、政府は密閉・密集・密接の「 ⑧ 」をさけること、マスクを着用すること、こまめな手洗い・消毒を徹底すること、在宅勤務（ ⑨ ）や時差通勤をすすめるなど、行動のめやすを発表しました。

4 ⑧ をさけるため外食が減り、自宅などに食事をとどけてもらう ⑩ や、自宅などで食べるために店で買ったものを持ち帰る ⑪ が増えました。また、自宅で過ごす時間が増えました。大型テレビ、タブレット、ゲーム機など、 ⑫ を使った機器の需要が高まったことなどから、 ⑫ が不足しました。

5 新型コロナウイルス感染症の対策として、 ⑬ の接種がすすめられてきました。 ⑬ は、 ⑭ 国際空港・関西国際空港などから輸入されてきました。

6 政府は新型コロナウイルス感染症を、5段階の分類のうち、上から2番目の「2類」相当と分類し、国民にさまざまな制限を求めてきました。そして、2023年5月、新型コロナウイルスを「5類」としました。これにともない、 ⑮ とよばれる訪日外国人の受け入れについても一切の制限がなくなり、観光需要が急速に回復しています。

①
②
③
④
⑤
⑥
⑦
⑧
⑨
⑩
⑪
⑫
⑬
⑭
⑮

48

発 展 問 題

次の文を読んで、後の問いに答えなさい。

　　2023年5月、①世界保健機関は②新型コロナウイルス感染症について、2020年1月に出した「世界的に懸念される公衆衛生上の緊急事態宣言」を解除することを発表しました。③日本でも新型コロナウイルスを「2類」相当から「5類」に改めました。これにより、④外国人観光客の受け入れの制限も撤廃され、訪日外国人の数が急速に回復しつつあります。しかし、新型コロナウイルス感染症は「終息」したわけではありません。引き続き、私たち一人ひとりが感染を拡大させないよう、日常生活に注意する必要があります。

問1　下線①について、この機関の略称をアルファベットで答えなさい。また、その機関の本部が置かれている都市を次から選んで、記号で答えなさい。

　　ア　パリ　　　　　**イ**　ハーグ　　　　　**ウ**　ブリュッセル　　　　**エ**　ジュネーブ

問2　下線②について、次の問いに答えなさい。

　1　日本でおこったことについて述べた文として正しいものを次から選んで、記号で答えなさい。

　　　ア　緊急事態宣言が出され、小・中学校はすべて時差通学となりました。

　　　イ　都市封鎖（ロックダウン）を行い、感染症の拡大を防止しようとしました。

　　　ウ　病院の病室が不足したため、自宅で療養せざるをえない人もいました。

　　　エ　ＩＴ化の遅れをとりもどすため、マイナンバーカードを導入しました。

　2　世界的な感染拡大などが原因で半導体の輸入が減り、国内の産業などが大きな影響を受けました。半導体の最大の輸入相手先を次から選んで、記号で答えなさい。

　　　ア　オーストラリア　　　　**イ**　タイ　　　**ウ**　台湾　　　**エ**　インドネシア

問3　下線③について、次の問いに答えなさい。

　1　新型コロナウイルス感染症対策の中心となっている省庁の名を答えなさい。

　2　「2類」に分類される、かつて国民病とよばれた病気を次から選んで、記号で答えなさい。

　　　ア　結核　　　　**イ**　天然痘　　　　**ウ**　ペスト　　　**エ**　インフルエンザ

問4　下線④について、次の問いに答えなさい。

　1　外国の人が日本を訪れることや、訪日外国人のことを何といいますか。カタカナで答えなさい。

　2　2022年に日本を訪れた外国人を国・地域別でみたとき、最も人数が多い国を次から選んで、記号で答えなさい。

　　　ア　インド　　　**イ**　韓国　　　　**ウ**　ロシア　　　**エ**　アメリカ

問1	略称			記号		問2	1		2		問3	1	
問3	2		問4	1					2				

49

運輸と地方の動き

8 「物流の2024年問題」って何？

▲トラックへ荷物を積み込むドライバー。規制強化でドライバーの人手不足が懸念されている

荷物の翌日配送はあたりまえ？

Q トラックによる輸送などを担う運輸業では、「2024年問題」にどう対応するかが切実な問題となっています。「2024年問題」とは、何ですか。

A 国による働き方改革の一環として、2024年4月から運輸業・建設業などで労働環境を改善するため、長時間労働を制限することになりました。それによって生じる、さまざまな問題が「2024年問題」です。

運輸業では、トラックなどで荷物を運ぶドライバーの残業が、年間で最大960時間に制限されます。しかし、残業が減れば収入も減ることからドライバーをやめる人が増える可能性もあり、トラックによる輸送力不足がよりいっそう深刻になりかねません。荷主（輸送を依頼する人）や消費者にとっては、費用が上がるという影響もあります。

運輸業界では、荷主などの理解を得る努力をしつつ、「分業を進め、荷物の仕分けなど運転以外の仕事をドライバーに行わせない」「宅配便での再配達を有料化し、再配達を減らす」などの対応を検討しています。

日々物流の恩恵にあずかっている私たち消費者にとっても、「荷物は早く安く届くのが当然」という意識を改めるよい機会かもしれません。

▲東北新幹線に積まれた魚介類
ＪＲ東日本では、コロナ禍で始めた、生鮮品を新幹線で運ぶサービスをさらに拡大する試みを進めている。

ニュースの視点 ① 鉄道をめぐる動き

(1) **北陸新幹線、敦賀へ**……2024年春、北陸新幹線の金沢駅（石川県）〜**敦賀**駅（福井県）間が開業し、東京と敦賀が約3時間で結ばれます。最終的には新大阪駅（大阪府）まで延伸される計画です。福井県では、観光・ビジネスなどで首都圏とのつながりが強まると期待しています。

一方、北陸と名古屋・大阪を結んできた特急列車は、敦賀止まりとなります。新幹線の駅がない鯖江市など、関西圏とのつながりがうすれることを心配する地方公共団体もあります。

▲北陸新幹線とリニア中央新幹線

(2) **リニア新幹線、開業を延期？**……磁力で車体を浮かせて超高速で走る**リニア中央新幹線**は、品川駅（東京都）〜名古屋駅（愛知県）を約40分で結びます。

しかし、当初予定の2027年開業のめどが立っていません。赤石山脈を横切るトンネルの工事で大井川の水が減り、流域の生活や産業に悪影響が生じることなどを静岡県が主張し、同県での工事が進んでいないのです。建設を進めるＪＲ東海と、静岡県などが十分に協議を行うことが待たれます。

西九州新幹線

2022年9月、西九州新幹線の武雄温泉駅（佐賀県）〜長崎駅（長崎県）が部分開業し、博多駅〜長崎駅の移動時間が約30分短縮された。しかし、佐賀県内の新鳥栖駅〜武雄温泉駅間の建設は未定で、九州新幹線と接続されるめどは立っていない。

ニュースの視点 ② 統一地方選挙とその課題

(1) **統一地方選挙とは**……都道府県・市町村の首長や議員を全国一斉に選ぶ、4年に一度の**統一地方選挙**が、2023年4月に行われました。選挙に対する住民の関心を高め、選挙を効率よく行うことなどがその目的です。

(2) **多い無投票、定数割れ**……県庁所在地の大分市や、群馬県で人口が最大の高崎市などの25の市では、立候補者が1名しかおらず、市長選挙が**無投票**となりました。また、立候補者が議員定数に満たない**定数割れ**となった市町村議会選挙が、全国で21件ありました。

高齢化・過疎化など、地方政治の課題は山積みです。選挙が無投票となれば、多くの有権者が投票する機会をいかせず、また立候補者も自らの主張や政策を競い合うことができません。このような状況が続くと、身近な政治に対する住民の関心がうすれ、地方の活力が低下してしまうおそれがあります。

統一されない統一選挙？

最初の統一地方選挙は、日本国憲法の施行に合わせ1947年4月に実施された。今回が20回目となる。しかし、任期の途中で議会の解散や市町村合併などが行われた結果、選挙日がずれてきており、今回は全地方選挙のうちの約27.5％が「統一」して行われるにとどまった。

ここが出る!? 2024年問題　北陸新幹線　敦賀　統一地方選挙　無投票

基本問題

8　運輸と地方の動き

▶解答は　89ページ

1　2024年4月、トラック輸送などを担うドライバーの　①　時間が制限される予定です。このことによって生じるさまざまな問題は、「物流の　②　問題」とよばれています。

2　トラックなどを使い、全国各地の家々に小さな荷物を直接届けるサービスを　③　といいます。　②　問題によって、配送のサービスや料金が見直される可能性も高まっています。

3　2024年春、　④　新幹線が、福井県の　⑤　駅まで開業する予定です。2015年に長野駅と石川県の　⑥　駅の間が開業して以来の延伸です。これによって、北陸地方と首都圏とのつながりがより一層強まることが期待されています。

4　磁力を利用した超高速鉄道である　⑦　中央新幹線は、東京都の品川駅と愛知県の　⑧　駅の間で工事が進められていますが、2027年に開業できるめどが立っていません。　⑨　山脈（南アルプス）を横断する区間の工事をめぐって、静岡県とＪＲ東海の話し合いが進んでいないためです。

5　2022年9月、　⑩　県の武雄温泉駅と長崎県の長崎駅を結ぶ　⑪　新幹線が開業しました。

6　2023年4月、　⑫　地方選挙が行われました。そして、都道府県の首長である　⑬　をはじめ、市町村長、また地方議会の議員が選出されました。この選挙をふくめ、地方や選挙にかかわる仕事を行っている国の役所は、　⑭　省です。

7　2023年の　⑫　地方選挙では、対立する候補者がなく　⑮　となった選挙や、候補者が議員定数に満たない選挙がめだち、「　⑯　主義の学校」ともいわれる地方自治のあり方を問う声も聞かれました。

①
②
③
④
⑤
⑥
⑦
⑧
⑨
⑩
⑪
⑫
⑬
⑭
⑮
⑯

52

発展問題

次の会話文を読んで、後の問いに答えなさい。

ゆい：2024年4月から、荷物を運ぶドライバーの残業時間が規制されるのよね。
父　：①物流の2024年問題のことだね。お父さんの勤めている食品会社でも、原料や製品を運ぶ新しいしくみを検討しているんだよ。簡単に示すと、こんな感じかな。
ゆい：他の食品会社と共同でトラックを走らせて、行きも帰りも荷物を運ぶのね。ドライバーは途中で交代して日帰りの勤務ができるから、働きやすくなるというわけね。
父　：配送する荷物や日時などの大切な情報を他の会社と共有する必要があるから、企業としては少し頭が痛いんだけどね。
ゆい：②自動車輸送だけでなく、③鉄道による輸送も見直されていくかもしれないわね。

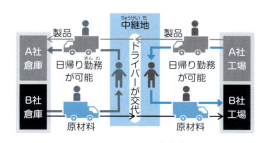

問1　下線①によって生じる可能性のあることにあてはまらないものを次から選んで、記号で答えなさい。
　ア　ドライバーをやめる人が増えます。
　イ　輸送量が減るため、運送費が安くなります。
　ウ　トラックによる輸送量が減ります。

問2　下線②について、自動車による輸送の利点として最もあてはまるものを次から選んで、記号で答えなさい。
　ア　戸口から戸口まで、直接運ぶことができます。
　イ　ほぼ予定の時刻通りに、目的地に到着します。
　ウ　地球環境への負荷が、輸送機関の中で最も少ないです。

問3　下線③について、次の問いに答えなさい。
1　自動車と鉄道などを組み合わせた輸送に切りかえていくことを何といいますか。次から選んで、記号で答えなさい。
　ア　インバウンド　　　イ　ハブ　　　ウ　ETC　　　エ　モーダルシフト
2　2024年春に開業する予定の、北陸新幹線の下りの終着駅の名を答えなさい。
3　北陸新幹線が通る県にあてはまらないものを次から選んで、記号で答えなさい。ただし、すべてあてはまる場合はオと答えなさい。
　ア　群馬県　　　イ　長野県　　　ウ　新潟県　　　エ　富山県
4　リニア中央新幹線について述べた文として正しいものを次から選んで、記号で答えなさい。
　ア　品川駅と名古屋駅の間を、約40分で結ぶ予定です。
　イ　飛驒山脈の下につくられたトンネルを通過する予定です。
　ウ　2025年、大阪・関西万博の開催に合わせて開業する予定です。

| 問1 | | 問2 | | 問3 | 1 | | 2 | | 駅 | 3 | | 4 | |

自然災害

⑨ 災害と日本の自然

▲最大震度６強の地震により、倒壊した住宅（５月・石川県珠洲市）

なぜ、日本は地震が多いの？

Q 2023年は、５月に石川県能登地方を震源として発生した地震をはじめ、日本の各地で多くの地震が発生しています。なぜ日本では地震が多く起こるのでしょうか。（☞8・82ページ）

A 地震が起きる理由の１つに、**プレート**がしずみ込んだり、ぶつかったりすることがあげられます。日本列島はユーラシアプレート、北アメリカプレート、太平洋プレート、フィリピン海プレートの４つのプレートが重なり合うところに位置しています。そのため、日本付近は地震が起きやすい状態となっています。

2011年３月11日に起きた**東日本大震災**は、太平洋プレートと北アメリカプレートのずれにより発生した地震によるものでした。一方、1995年に起きた**阪神・淡路大震災**は断層のずれにより発生した地震によるものでした。

今後、フィリピン海プレートとユーラシアプレートの境界にある**南海トラフ**で地震が起きる可能性が高いと警戒がよびかけられています。

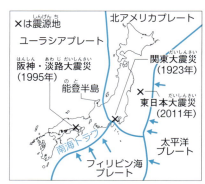
▲日本付近にある４つのプレート
プレートとは厚さ数十〜数百kmの板状の岩盤のこと。マントルの動きに合わせて年間数cmずつ動いている。

ニュースの視点 ① 線状降水帯とは？

積乱雲が次々に発生し同じ場所を通過・停滞することで、強い雨が降り続く区域のことです。特に、梅雨から夏にかけて各地で発生し、川の氾濫や土砂崩れなどを起こしています。

気象庁は5月から、線状降水帯による大雨が予測された場合、発生より最大で30分前の段階で発表するようにしました。これにより、大雨の被害を減らすことが期待されています。

ニュースの視点 ② トルコ・シリアで起きた大地震

(1) **トルコ・シリア地震**……2023年2月、トルコ南部のシリアとの国境付近で、断層のずれによる大規模な地震が起きました。建物の倒壊による被害がめだち、5万人以上が犠牲になったと考えられています。トルコは日本と同じようにプレートの境界付近に位置しているため、地震が多い国として知られています。

(2) **シリア難民も被災**……トルコには、2011年以降シリアで続いている内戦から逃げてきた難民が多くいます。UNHCRによれば、地震で壊滅的な被害を受けた地域に住む約1500万人のうち、約174万人がシリアからの難民です。

ニュースの視点 ③ 日本の島の数が2倍以上に

2月、島の数が大幅に増えたことが、**国土地理院**から発表されました。地形図のもととなる電子地図を用いて数え直した結果、いままで不鮮明だった部分も島と判断できるようになりました。これまでは、1987年に海上保安庁が公表した6852とされてきた日本の島の数が、14125に増えました。

特色ある日本の島	島の名と都道府県
東西南北の端の島	北：択捉島（北海道）　南：沖ノ鳥島（東京都） 東：南鳥島（東京都）　西：与那国島（沖縄県）
世界自然遺産の登録地	小笠原諸島（東京都）　屋久島（鹿児島県） 奄美大島、徳之島、沖縄島北部及び西表島（鹿児島県・沖縄県）
日本史の舞台となった島	佐渡島（新潟県）　隠岐諸島（島根県）　沖ノ島（福岡県）　対馬（長崎県） 種子島（鹿児島県）　沖縄島（沖縄県）
領土に関する意見が外国と異なる島	ロシア：北方領土（択捉島・国後島・色丹島・歯舞群島）（北海道） 韓国：竹島（島根県）　中国：尖閣諸島（沖縄県）

復興庁

2011年の東日本大震災をきっかけに設置された国の役所。設置期限は2021年までだったが2031年までに延長された。

難民とUNHCR

戦争や宗教、政治上の理由から自分の国を離れなければならない人々を**難民**という。これらの人々を保護するために**国連難民高等弁務官事務所（UNHCR)**が活動している。

世界ジオパーク

貴重な特色を持つ地質や地形を保護し、教育や地域の振興に役立てることを目的としている。国連教育科学文化機関（UNESCO）による事業。日本では、洞爺湖有珠山（北海道）・糸魚川（新潟県）・阿蘇（熊本県）・伊豆半島（静岡県）などが登録されている。2023年5月には、石川県の「白山手取川ジオパーク」が認定され、10か所となった。

ここが出る!?

プレート　トルコ　難民　UNHCR　世界ジオパーク　UNESCO

基本問題

9 自然災害

▶解答は 89ページ

1 2023年は、 ① が発生してから100年目の年です。 ① は９月１日に発生しました。

①

2 日本列島は４つの大きな ② が重なり合うところに位置しているため、日本では地震が多く発生します。

②

3 1995年１月17日に発生した ③ は、断層によって起きた地震です。

③

4 2011年３月11日に発生した ④ は、太平洋 ② と北アメリカ ② がずれたことにより発生しました。また、この地震により ⑤ が発生し、東北地方の太平洋沿岸部を中心に大きな被害が出ました。

④

⑤

5 フィリピン海 ② とユーラシア ② の境界にある ⑥ 周辺で地震が起きる可能性が高いとして、警戒がよびかけられています。

⑥

6 2023年２月、 ⑦ の南部とシリアとの国境付近で、大規模な地震が発生し、大きな被害が出ました。この地震により、シリアの内戦から逃れてきた多くの ⑧ も被災しました。

⑦

⑧

7 ⑧ の保護を目的としている国際連合の機関の略称は ⑨ です。

⑨

8 国連教育科学文化機関（ＵＮＥＳＣＯ）は、貴重な特色を持つ大地を保護し教育や地域の振興に役立てることを目的とした事業である、世界 ⑩ に関する仕事を行っています。2023年５月には、石川県の「白山手取川 ⑩ 」が国内で10か所目の世界 ⑩ として認定されました。

⑩

9 2023年２月に、日本の島の数が14125であることが国土交通省に属する ⑪ から発表されました。

⑪

10 日本の島のなかで最も南にある島は ⑫ です。

⑫

11 鹿児島県にあり、縄文すぎをはじめ貴重な動植物で知られ、世界自然遺産にも登録されている島は ⑬ です。

⑬

12 沖縄県に属する ⑭ について、中国は自国の領土であると主張しています。

⑭

56

発展問題

次の文を読んで、後の問いに答えなさい。

2023年2月、①トルコ南部のシリアとの国境付近で大規模な地震が発生し、大きな被害が出ました。なかでも、②建物の倒壊がめだちました。トルコは日本と同じように　A　の境界付近に国が位置しています。そのため、日本と同じように地震が多い国として知られています。日本でも5月に③石川県の　B　半島付近を震源として、最大震度6強の地震が発生しました。

こうした地震など、自然災害の被害を減らすため、ハザードマップが作成されています。そのもととなる、地形図をはじめとした地図を作成しているのが、国土交通省に属している　C　です。

2月、　C　は、④日本の島の数が大幅に変更されたことを発表しました。技術が発達し、いままではっきりしていなかったところが島として認識されるようになりました。その結果、日本の島の数は、　D　になりました。

問1　A　～　C　にあてはまることばをそれぞれ答えなさい。

問2　D　にあてはまる数を次から選んで、記号で答えなさい。
ア　3852　　イ　6852　　ウ　14125　　エ　141250

問3　下線①について、この国の位置を右の地図のア～エから選んで、記号で答えなさい。また、この国について述べた文として正しいものを次のカ～クから選んで、記号で答えなさい。
カ　EUに加盟しています。
キ　日本にとって石油の最大の輸入相手先です。
ク　イスラム教徒が多い国です。

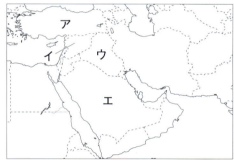

問4　下線②について、1995年に起きた淡路島付近を震源とする大地震のときもこの被害がめだちました。この地震による災害の名を答えなさい。

問5　下線③について、この県に含まれる世界ジオパークの登録地を次から選んで、記号で答えなさい。
ア　伊豆半島　　イ　室戸岬　　ウ　白山手取川　　エ　糸魚川

問6　下線④について、次の1・2の文が説明している島・諸島の名をそれぞれ答えなさい。
1　日本海に位置している島です。江戸時代に多くの金が産出されました。現在は、この島でトキの繁殖が行われています。
2　東京都に含まれる島々です。一度もほかの島とつながったことがないため、独自の動植物がみられます。2011年に世界自然遺産に登録されました。

10 宇宙の中の地球

理科の時事問題

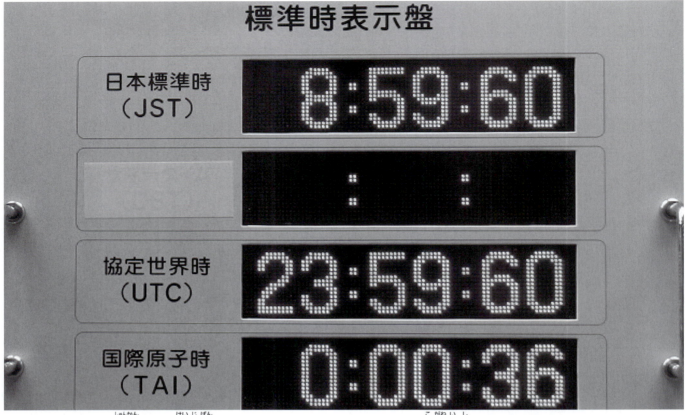

▲うるう秒になった瞬間の電光掲示板（2017年1月1日午前9時・東京都小金井市の情報通信研究機構）

うるう秒って何？

Q うるう秒が廃止されるとニュースで聞きました。うるう秒とは何なのですか。また、なぜ廃止されるのですか。

A 元々、時間の長さは太陽が南中してから再び南中するまでの時間（太陽日）が1日、その86400分の1が1秒と定められていました。この基準が天文時間です。
　しかし、天文時間はおもに自転速度によって変化するため、1967年に、セシウムという原子の振動を元にした、より正確な原子時間が定義されました。原子時間は正確ですが、天体の動きと連動していないので、昼夜や季節のうつり変わりとずれが生じてしまいます。そのため、地球の自転を観測して、天文時間と原子時間のずれが大きくなったときに、うるう秒を挿入して調整する協定世界時が多くの国で使われています。
　しかし、うるう秒が挿入されるタイミングが不規則で、IT機器での対応が難しいという問題があるため、2022年12月の国際度量衡総会（CGPM）で、2035年をめどにうるう秒の廃止が決まりました。

▲セシウム原子時計の中枢部

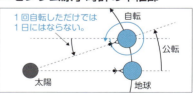

▲太陽日と自転周期
地球は自転しながら公転もしているため、自転周期と太陽日には4分ほどずれができる。

ニュースの視点 ① 見つめよう、宇宙と開発

(1) **はやぶさ２が採取したアミノ酸の解析すすむ**……３月、九州大学などの研究チームは、惑星探査機はやぶさ２が採取した、**小惑星リュウグウ**の砂にふくまれるアミノ酸の解析結果を発表しました。

アミノ酸には左手型と右手型とよばれる２つの構造を持つものがあります。地球上の生物が生命活動に使うアミノ酸はほとんどが左手型であることから、もしリュウグウの砂にふくまれるアミノ酸に左手型が多ければ、宇宙からもたらされたアミノ酸によって、地球上に生命が誕生した可能性が高くなると考えられていました。

今回の解析では、右手型と左手型でほぼ同じ量のアミノ酸が見つかったため、生命の起源がどこから来たのかという問いの答えは、今後の研究に持ち越しとなりました。

(2) **宇宙飛行士候補が選抜される**……２月28日、ＪＡＸＡ（宇宙航空研究開発機構）は、宇宙飛行士候補選抜試験に、**諏訪理**さんと**米田あゆ**さんが合格したと発表しました。今回の選抜は13年ぶりに行われたもので、５段階の選抜を経て4127人から選ばれました。

これまでにＪＡＸＡには11名の宇宙飛行士が在籍しましたが、諏訪さんは46歳で最年長、米田さんは28歳で最年少の合格者となります。

２人は宇宙飛行士に必要な訓練を２年間受け、正式に宇宙飛行士に認定された後、国内外のミッションに参画する見通しです。

(3) **Ｈ３ロケット打ち上げ失敗**……３月７日、ＪＡＸＡは新型ロケットＨ３の初号機を打ち上げましたが、失敗に終わりました。２段目のエンジンにうまく点火できなかったことが原因とされています。ロケットは爆破され、搭載していた地球観測衛星だいち３号も失われました。

ロケットのおもな役割は、宇宙空間へ人工衛星や宇宙船などを運ぶことです。現在世界では人工衛星の打ち上げを請け負うビジネスがさかんになっていますが、今回の打ち上げ失敗は、このようなビジネスに日本が参入するうえでも大きな痛手となります。

> **地球観測衛星だいち**
> 日本の人工衛星の１つで、地図をつくるのに必要なデータの取得や、大規模な災害が起こったときの被害状況の把握がおもな用途です。
> Ｈ３ロケットに搭載されていたのはだいち３号で、現在運用されているだいち２号の後継機として開発されていました。

▲小惑星リュウグウのかけら

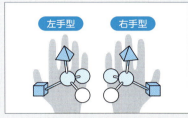
▲アミノ酸の構造
原子のつながり方が異なるため、たがいに鏡に映したような構造になっている。

▲諏訪理さんと米田あゆさん

▲Ｈ３ロケット
従来のＨ２Ａロケットよりも低コストで安全に打ち上げることをめざして開発された。

(4) **NASAのアルテミス計画が前進**……2022年12月2日、NASA（アメリカ航空宇宙局）は、宇宙船オリオンが、25日間の試験飛行を終えて地球へ無事帰還したと発表しました。

今回の打ち上げは、NASAの月探査計画である**アルテミス計画**の一環として行われ、オリオンが安全に月へ行って戻ることができるかを確かめるのがおもな目的でした。

近年、月に水や**レアメタル**などの資源があることがわかってきました。そのため、今後の宇宙開発の拠点にできるよう、各国で月面探査の取り組みがさかんになっています。

▲宇宙船オリオン

2023年の世界の月探査
7月：中国が有人探査計画を発表
8月：ロシアが無人探査機を打ち上げるが、月に衝突して失敗
8月：インドの無人探査機が、世界で初めて月の南極付近に着陸
9月：日本の無人探査機「SLIM」が打ち上げ

(5) **金環皆既日食が観測される**……4月20日、インド洋から太平洋にかけて、日食が観測されました。日本では**部分日食**となりましたが、オーストラリアでは**金環日食**が、東南アジアの東ティモールでは**皆既日食**が見られ、一度の日食で場所によって皆既日食と金環日食が見られる**金環皆既日食**となりました。

日食の見え方は観測地点と月の距離で決まりますが、今回のように、1回で3種類の日食がすべて見られるのは珍しいことです。

次に金環皆既日食が見られるのは、2031年の11月です。

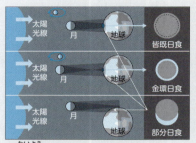
▲太陽・地球・月の位置関係
観測地点と月の距離が近いと皆既日食に、遠いと金環日食になる。

(6) **木星氷衛星探査機ジュース打ち上げ成功**……4月14日、欧州宇宙機関（ESA）による木星氷衛星探査機「ジュース」が打ち上げられました。ジュースは2031年に木星近くに到達し、木星の衛星である**衛星エウロパ・カリスト・ガニメデ**を調査する予定です。

太陽系最大の惑星である木星の衛星には、太陽系がつくられた当時の物質が残っている可能性があります。今回の探査はその試料を得ることが目的です。また、探査する衛星はおもに氷でできている氷衛星で、地下に海が存在する可能性があります。その海を調査することで、地球外の生命の存在について調べられるのではないかと期待されています。

▲4月20日の金環日食のようす

★その他のピックアップニュース
4月：すばる望遠鏡が太陽系外惑星の直接撮影に成功
8月：地球に近い質量の浮遊惑星が見つかる
8月：古川聡さんらが搭乗する宇宙船が打ち上げ
9月：インドが太陽観測衛星の打ち上げに成功

▲木星の衛星ガニメデ

ニュースの視点 ② 見つめよう、地球と環境

(1) **日本列島に寒波が襲来**……1月24日から26日にかけて、日本付近の上空に強い寒気が入り込んだことで、広い範囲で記録的な大雪や低温となりました。

日本の上空には、**偏西風**という西向きの風が一年中吹いています。この偏西風によって、寒気は北へ、暖気は南へ流れますが、偏西風が南に蛇行したことで寒気が日本へ流入したと考えられています。

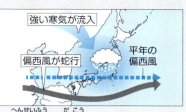

▲偏西風の蛇行

蛇行したところに北極付近から寒気が流れ込み、気温が下がる。

(2) **世界各地で猛暑に**……7月、世界気象機関（WMO）は7月7日に世界の平均気温が観測史上最高値を更新したと発表しました。また、世界各地で高温の空気のかたまりがおしよせる**熱波**が発生し、北半球では猛暑となりました。

猛暑の原因の1つに、太平洋赤道付近から南アメリカ大陸の沿岸で海水温が低くなる**ラニーニャ現象**が終息してすぐに、同じ海域で海水温が高くなる**エルニーニョ現象**が発生したことがあげられます。

エルニーニョ現象が発生すると、中央アメリカなどで夏の気温が高くなります。一方、通常エルニーニョ現象が発生すると日本や北アメリカでは冷夏になりますが、これらの地域で猛暑をもたらす**ラニーニャ現象**が終息して間もないことなどから、冷夏になりやすい地域でも気温が高くなったと考えられています。

▲1月25日の雲のようす

日本海側では雨や雪、太平洋側では晴れの日が多くなるが、太平洋側も雪を降らせる雲で覆われた。

(3) **台風進路予報の予報円が小さくなる**……6月26日、気象庁は26日以降に発生する台風について、台風進路予報の「**予報円**」をこれまでよりも絞り込んで発表すると明らかにしました。

予報円は、台風の中心が70％の確率で入ると予想される範囲です。先の日になるほど正確な予想が難しくなるため、予想される進路の幅が広がり、予報円は大きくなります。

今回の変更は進路予報の精度が向上したことによるもので、予報円の半径は最大で40％小さくなります。

▲エルニーニョ現象

赤道付近の太平洋上で東風が弱まり、インドネシア近海では海水温が高く、南米では低くなる。

★その他のピックアップニュース

2022年11月：生成ＡＩの「ＣｈａｔＧＰＴ」が公開される（☞6ページ）

1月：東京で22日間降雨がない日が続く（過去2番目の長さ）

3月：量子コンピューター（ミクロの世界で物質が働く現象を応用し、一度に大量の計算ができる次世代コンピューター）の国産初号機が稼働開始

8月：福島第一原子力発電所で処理水の海洋放出がはじまる（☞4ページ）

▲小さくなった予報円

ニュースの視点 ③ 見つめよう、命と生活

(1) **新型コロナウイルス感染症が5類へ引き下げ**（☞46ページ）……
5月8日、新型コロナウイルス感染症の法律上の位置づけが2類相当から5類に引き下げられました。感染症とは、ヒトの体内に**ウイルス**や**細菌**が侵入することで発症する病気です。感染症の原因となるウイルスや細菌を**病原体**といい、**新型コロナウイルス感染症**は、名前のとおりウイルスが病原体です。

ウイルスは遺伝子とそれを覆うタンパク質の膜だけでできており、自力で増えることができません。そのため、ウイルスが増えるには生物の細胞の機能を利用する必要があります。ウイルスは侵入した細胞のしくみを利用して増殖した後、出ていくときに細胞を破壊することで、感染症を引き起こします。

▲ウイルスと細菌のちがい

(2) **昆明・モントリオール生物多様性枠組が採択**……2022年12月、生物多様性条約第15回締約国会議（COP15）で、「**昆明・モントリオール生物多様性枠組**」が採択されました。これを受けて、日本をふくめた各国で生物多様性に関する取り組みがすすめられています。

地球上にさまざまな生物が存在することを**生物多様性**といいますが、これには生態系の多様性・種の多様性・遺伝子の多様性という3つの要素があります。生態系の多様性とは、場所に応じた生態系が形づくられ、異なる生態系としてそれぞれ成り立っていることをいいます。種の多様性とは、動植物や微生物について、多くの種が存在することをいいます。遺伝子の多様性は、同じ種でも個体や地域によって、色や形、行動などのちがいがあることをいいます。

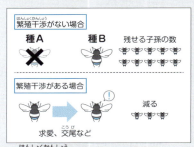

▲多様性の3つのレベル

(3) **繁殖干渉で在来種が減少**……7月、京都産業大学の研究グループは、北海道の根室半島での**在来種**であるエゾマルハナバチの減少が、「繁殖干渉」によるものだとする研究を発表しました。

繁殖干渉とは、近い種の生物同士が交配することで、繁殖の効率が落ちる現象のことです。今回の研究では、外国から人の手で持ち込まれた**外来生物**のセイヨウマルハナバチのオスとエゾマルハナバチの女王バチが交雑することで、ふ化しない卵ができてしまい、エゾマルハナバチが増えにくくなっていることがわかりました。

このような、繁殖干渉による在来種の減少が心配される一方で、繁殖干渉をうまく利用することで、害虫の防除にも使える可能性があるとして、各機関で研究がすすめられています。

▲繁殖干渉のしくみ

▲外来生物のアメリカザリガニ

▲外来生物のアカミミガメ

★その他のピックアップニュース
3月：サクラの開花が記録的な早さに
8月：北海道で大型の蛾であるクスサンが大量発生

基 本 問 題

10　理科の時事問題

▶解答は　90ページ

1 はやぶさ2が探査を行った小惑星を何といいますか。

①

2 Ｈ3ロケットの初号機に搭載されていた地球観測衛星の愛称を次から選んで、記号で答えなさい。

ア　かぐや　　　　　イ　だいち
ウ　ひまわり　　　　エ　あけぼの

②

3 4月20日に東ティモールで見られた、月によって太陽が完全にかくれる現象を何といいますか。次から選んで、記号で答えなさい。

ア　皆既日食　　　　イ　金環日食
ウ　皆既月食　　　　エ　部分月食

③

4 木星は、太陽系の中で最も□□□□です。□□□□にあてはまることばを次から選んで、記号で答えなさい。

ア　大きな惑星　　　　イ　小さな惑星
ウ　太陽に近い惑星　　エ　太陽から遠い惑星

④

5 日本の上空に一年中吹いている西向きの風を何といいますか。

⑤

6 予報円は何を予測したものですか。次から選んで、記号で答えなさい。

ア　台風の大きさ　　　イ　台風の強さ
ウ　台風の中心位置　　エ　台風の発達状況

⑥

7 感染症の原因となる細菌やウイルスをまとめて何といいますか。

⑦

8 在来種の生物はどれですか。次から選んで、記号で答えなさい。

ア　マングース　　　　イ　アメリカザリガニ
ウ　アカミミガメ　　　エ　エゾマルハナバチ

⑧

おもなできごと

2022年10月〜　　▶解答は　90ページ

空らんにあてはまることばを答えましょう。　　　　　　　　　　　　　※日付は、現地時間
★はとくに重要なできごとです。

2022年　10月

3日　①_____ 国会が召集される。

25日　②_____ で初のインド系の首相として、スナク氏が就任する。

26日　2021年の③_____ ガスの濃度が過去最高だったことを世界気象機関（WMO）が発表する。

11月

11日　東ティモールが東南アジア諸国連合（④_____）に加盟することが原則合意される。

15日★　世界の人口が⑤_____ 億人を超えたことを国際連合が発表する。

18日　⑥_____ 選挙の小選挙区を「10増10減」する改正公職選挙法が成立する。
⑦_____ を2倍未満におさえるため、人口によって定数を増減させる「アダムズ方式」を適用して小選挙区を5つの都県であわせて10議席増やす一方、10の県で1つずつ、あわせて10議席減らすなど、選挙区の区割りを変更します。次に行われる⑥_____ 選挙から適用されます。

20日　エジプトで開かれていたＣＯＰ27が閉会する。☞33ページ
ＣＯＰとは、国連⑧_____ 枠組み条約締約国会議の略称です。2023年のＣＯＰ28は中東の産油国であるアラブ首長国連邦で開かれます。

20日　中東の産油国であるカタールで、サッカーのワールドカップが開幕する。
夏の酷暑を避けて、冬の開催となりました。

30日　ユネスコが日本各地の民俗芸能である「風流踊」を⑨_____ に登録する。
風流踊とは各地で伝承されてきた盆踊りなど、お囃子にあわせて踊る日本の民俗芸能で、西馬音内の盆踊（秋田県）、チャッキラコ（神奈川県）、郡上踊（岐阜県）など41の踊りが登録されました。

2023年　1月

1日★　日本が国連安全保障理事会の⑩_____ になる。
日本が⑩_____ となるのは、国連加盟国中最多の12回目です。任期は⑪_____ 年間です。

18日　2022年に日本を訪れた外国人の数が約383万人だったと発表される。☞47ページ

20日　2022年の日本の貿易収支が2年連続で貿易⑫_____ だったと発表される。☞28ページ

23日　毎年1回必ず開かれる⑬_____ 国会が召集される。

25日　最高裁判所が、⑦_____ が最大2.08倍だった2021年の⑥_____ 選挙について、合憲の判決を出す。

2月

- **6日**　⑭_____・シリア地震が起こる。☞55ページ
- **28日**　日本の島の数を14125に改めることを、⑮_____が発表する。☞55ページ

3月

- **16日** ★　⑯_____の尹錫悦大統領が日本を訪れ、⑰_____首相と会談する。☞42ページ
- **21日**　ウクライナの首都キーウで、⑰_____首相が⑱_____大統領と会談する。
- **21日**　⑲_____のフロリダ州にあるマイアミでＷＢＣ（ワールド・ベースボール・クラシック）の決勝戦が行われ、日本が⑲_____に勝って優勝する。
- **27日** ★　文化庁が東京から⑳_____市に移転する。☞25ページ
- **28日**　2023年度予算が、11年連続で過去最大を更新した114兆3812億円で成立する。☞29ページ

4月

- **1日** ★　㉑_____家庭庁が発足する。☞4・25ページ
- **1日**　改正道路交通法が施行され、㉒_____に乗るときにヘルメットを着用することが努力義務とされる。☞6ページ
- **1日**　会社員が給料をスマートフォンの決済アプリで受け取れるデジタル払いが解禁される。
- **4日** ★　北欧の㉓_____が北大西洋条約機構（㉔_____）に加盟する。☞5・21ページ
  同じ北欧の㉕_____も、2023年秋にトルコの議会で承認手続きが終了すれば、加盟が認められる見通しです。
- **9・23日**　統一地方選挙が実施される。☞51ページ
- **14日**　中央銀行の㉖_____が、2024年に発行する新紙幣を公開する。☞1ページ
- **14日**　大阪府・大阪市のＩＲ（カジノを含む統合型リゾート）の整備計画を、国が認定する。
  大阪府・大阪市は大阪湾に浮かぶ人工島・夢洲に、国際会議場やホテル、カジノが入った統合型リゾートの計画をすすめています。夢洲では2025年に大阪・関西㉗_____が開かれる予定です。
- **15日** ★　㉘_____で、国内にあるすべての原子力発電所が稼働を停止する。☞32ページ
- **21日**　環境省が、2021年度の日本の③_____ガスの排出量が2020年度から2％増加したと発表する。☞33ページ
  2020年度までは7年連続で減少を続けていました。
- **24日** ★　国連が、⑲_____の㉙_____にある国連本部で記者会見し、月末までに、㉚_____の人口が㉛_____を上回り、世界一になると発表する。☞43ページ

5月

5日 石川県の ㉜ ____ 半島沖を震源とする、最大震度6強の地震が発生する。☞54ページ

5日 ★ 世界保健機関（㉝ ____ ）が、㉞ ____ 感染症の緊急事態宣言の終了を発表する。
☞46ページ

6日 ② ____ でチャールズ国王の戴冠式が行われる。

8日 ★ 日本で、㉞ ____ の感染症としての分類が2類相当から5類に引き下げられる。☞46ページ

10日 国債などの国の借金が過去最大の1270兆円であると ㉟ ____ 省が発表する。☞29ページ

19〜21日 ★ ㊱ ____ 市でG㊲ ____ サミットが開かれる。☞表紙・16・20ページ

24日 白山手取川が、ユネスコによって世界 ㊳ ____ に認定される。☞55ページ

24日 平安時代の天台宗の高僧・円珍ゆかりの文書が、ユネスコの「世界の記憶」に登録される。
日本と唐の交流を示す貴重な資料であるこの文書は、㊴ ____ 県大津市の園城寺（三井寺）などが所有しています。「世界の記憶」は、人類が記憶し、後世に残すべき文書や絵画・音楽など、歴史的な資料を保存することが目的です。

31日 ㊵ ____ 脱炭素電源法が成立する。☞33ページ
㊵ ____ はグリーントランスフォーメーションの略称です。この法律では、原子力発電所の運転期間を60年を超えて延長することが認められました。

6月

2日 ★ 2022年の ㊶ ____ が1.26であったと厚生労働省が発表する。☞ 4・24ページ
1人の女性が一生の間に生む子どもの数の平均である ㊶ ____ は、7年連続で低下しました。

2日 改正マイナンバー法が成立する。☞25ページ

9日 改正出入国管理及び ㊷ ____ 認定法（改正入管法）が成立する。
㊷ ____ として認定されることを申請している間は、住んでいた国への強制送還が停止されます。このため、申請を繰り返して送還を免れようとするケースがあるとして、申請は原則として2回までとなりました。これについては、本来保護すべき人を住んでいた国に送り返すことで、危険にさらすおそれがあると批判する声があります。

14日 ㊷ ____ の数が過去最高となる。☞55ページ
紛争や迫害で国外に逃れた ㊷ ____ や国内避難民の数が、2022年末に過去最高の1億840万人にのぼったことを国連 ㊷ ____ 高等弁務官事務所（㊸ ____ ）が発表しました。

16日 野党が ⑰ ____ 内閣に対する内閣 ㊹ ____ 決議案を国会に提出し、否決される。

16日 防衛費増額の財源を確保するための防衛力財源確保特別措置法が成立する。☞29ページ

16日 性的マイノリティへの理解を促すLGBT理解増進法が成立する。
性的マイノリティ（性的少数者）とは、心の性別と体の性別が異なる人などをさします。これらの人々への理解をすすめ、偏見や差別をなくすための法律です。

21日 世界各国の男女格差を測る「㊺ ____ ギャップ指数」で、日本が146か国中で125位と、2006年の調査開始以来、過去最低となる。

66

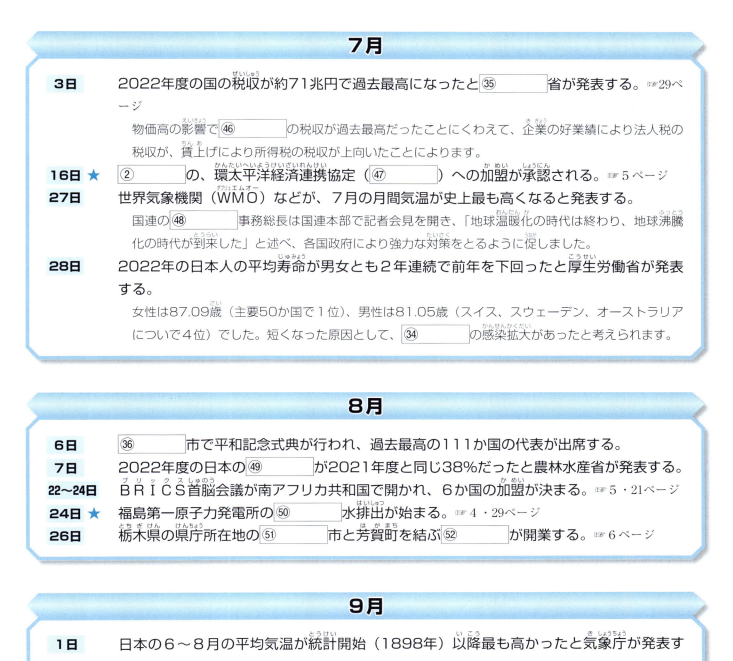

あれから何年❓

解答は90ページ

空らんにあてはまることばを答えましょう。「あなたが生まれてから」(☞36ページ)も、参考にしましょう。

2023年

20年前 2003年

① _____ 戦争がおこる

アメリカ・イギリスが、① _____ に大量破壊兵器があるとして、攻撃しました。

30年前 1993年

細川連立内閣が誕生する

衆議院議員総選挙の結果、自由民主党の議席が過半数を下回り、細川護熙氏を内閣総理大臣とする連立内閣が誕生しました。

② _____ 法が成立する

前年に開かれた国連環境開発会議(地球サミット)をふまえて成立しました。これにともない、公害対策基本法は廃止されました。

③ _____ (ヨーロッパ連合)が発足する

50年前 1973年

④ _____ がおこる

第4次中東戦争をきっかけに、原油価格が急激に上がりました。これにより、日本の高度経済成長は終わりをつげました。

100年前 1923年

⑤ _____ がおこる

9月1日午前11時58分、はげしい地震が関東地方南部をおそいました。当時は木造建築が多く、昼食のしたくで火を使っていた家が多かったこともあり、火災などによって、10万人以上が犠牲になりました。

150年前 1873年

⑥ _____ が定められ、成人男子は兵役の義務を負う

同じ年、土地の持ち主が地価の3%を現金で納める ⑦ _____ も始められました。

2024年

10年前 2014年

ロシアがウクライナの領土である ⑧ _____ 半島を併合する(☞39ページ)

20年前 2004年

スマトラ島沖で地震がおこる

インドネシアのスマトラ島沖で大地震がおき、20万人以上の犠牲者を出しました。

30年前 1994年

1989年に国連総会で採択された ⑨ _____ 条約を、日本政府が承認する

⑩ _____ 空港が開港する

本格的な海上空港で、国内で初めて24時間運用できる空港が誕生しました。

50年前 1974年

⑪ _____ 、ノーベル平和賞を受賞

非核三原則の採択などが授賞の理由です。沖縄復帰時の内閣総理大臣でした。

60年前 1964年

東京オリンピックが開かれる

これに先立ち、⑫ _____ の東京―新大阪間が開通しました。

70年前 1954年

⑬ _____ 事件がおこる

日本の漁船が、ビキニ環礁で行われたアメリカの水爆実験による死の灰をあびました。

150年前 1874年

板垣退助らによって、政府に ⑭ _____ が提出される

記述問題

1 G７広島サミットと核 ～ **9** 自然災害

▶解答・解説は　92～95ページ

★は、それぞれのテーマに関する基本的な記述問題です。また、時事問題の総仕上げとして、発展的な記述問題にもチャレンジしてみましょう。

1 G７広島サミットと核　▶16ページ

★**問1**　核兵器保有国であるロシアがウクライナへ侵攻したことにともない、核抑止力ということばを耳にする機会が増えました。核抑止とはどのような考え方にもとづいていますか。

> 問1

問2　日本政府が核兵器禁止条約に参加しない方針を示しているのはなぜですか。

> 問2

2 国際社会の動き　▶20ページ

★**問1**　G７サミットのもととなる会議が開かれるきっかけは、どのようなものでしたか。

> 問1

問2　南北問題に対して、南南問題という用語も中学校の教科書で取りあげられています。南南問題とはどのような問題ですか。南北問題と比較して説明しなさい。

> 問2

69

3 国内政治の動き ▶24ページ

★問1 日本では少子化が続いています。少子化が将来の日本におよぼす問題として考えられることは何ですか。

問1	

問2 文化庁が京都へ移転したのは、東京への一極集中をゆるめるという目的があったからです。それ以外の理由として、京都がどのようなところであったことがあげられますか。

問2	

4 経済と財政 ▶28ページ

★問1 食品の値上げには、原油や天然ガスなどの資源の輸入価格の値上がりも影響しています。それはなぜですか。

問1	

問2 ロシアによるウクライナ侵攻や台湾をめぐる中国の動き、北朝鮮によるミサイル発射などの国際情勢をうけて、岸田内閣は、今後5年間で防衛関係費を大幅に増やすことを決めました。これに対して指摘されている問題点について、国の財政の観点から説明しなさい。

問2	

5 地球環境問題とエネルギー　▶32ページ

問1　2023年4月、ドイツは「脱原発」を実現しました。しかし、その後の世論調査では「脱原発」に反対するドイツの国民が約6割を占めました。反対する理由には、おもにどのようなものがありますか。

問1	

問2　政府は、2050年までに温室効果ガスの排出量を全体としてゼロにする、脱炭素社会の実現をめざしています。温室効果ガスの排出量を全体としてゼロにすることをカーボンニュートラルともいいます。「全体としてゼロにする」とはどういうことですか。具体的に説明しなさい。

問2	

6 近隣諸国の動き　▶42ページ

問　2023年8月、中国は、日本からの水産物の輸入を全面的に禁止しました。これに対し、日本政府は、この措置を撤回するように求め、強く抗議しました。中国政府が輸入禁止の措置をとった理由と、日本政府が抗議した理由をそれぞれ答えなさい。

問	中国政府	
	日本政府	

71

7 新型コロナウイルス ▶46ページ

★問1 新型コロナウイルス感染症が、従来の感染症と比較して、世界規模で急速に広まったのはなぜですか。

問1

問2 コロナ禍を通じて、自宅にいる時間が長くなった人が増えたことにより、どのような業種が成長しましたか。例を1つあげて、説明しなさい。

問2

8 運輸と地方の動き ▶50ページ

★問1 2024年4月にドライバーの残業時間が規制されることによって、運輸業界では、トラックなどによる輸送能力の低下が心配されています。わたしたちが宅配便を利用するときに気をつけることとして、どのようなことがありますか。

問1

問2 2023年の統一地方選挙では、首長の選挙で複数の候補者がいない、あるいは議員の選挙で候補者数が定数と同じなどの理由で、投票が行われない、いわゆる「無投票」となった地方公共団体が多いことが指摘されました。地方議会の議員のなり手不足を解消する方法として考えられることを答えなさい。すでに実施されていることがらでもかまいません。

問2

9 自然災害 ▶54ページ

★問1　日本で地震が多く発生する理由を説明しなさい。

問1

問2　災害に対する備えである「自助」・「共助」・「公助」のうち、「共助」の具体的な活動を1つ説明しなさい。

問2

73

予想問題

▶解答は　90ページ

1 次の文を読んで、後の問いに答えなさい。

2023年5月、Ｇ7サミットが広島で開かれました。このサミットには、①Ｇ7の国々のほか、招待国として8か国、ほかにウクライナの　Ａ　大統領も参加しました。日本でのサミット開催は7回目であり、当初の3回は東京で行われました。2000年には②九州・沖縄サミット、2008年には③北海道洞爺湖サミット、2016年には④伊勢志摩サミット、そして今回と、2000年以降は東京以外で開催されています。2000年と2008年のサミットは、Ｇ8サミットとして　Ｂ　も参加しました。

今回、広島がＧ7サミットの開催地となったのは、広島が過去に核兵器の被害を受けていることも関係しています。広島の歴史を振り返ってみましょう。都市としての広島の歴史は、　Ｃ　川の三角州に城がつくられたことから始まります。明治維新以降、広島県庁や陸軍の部隊がおかれたことで政治的・軍事的に重要な地となりました。1889年には5年あまりの工事の末に宇品港（現在の広島港）がつくられ、1894年に開戦した　Ｄ　戦争では兵隊や軍事物資の輸送など、軍事輸送基地として重要な役割を果たしました。また、この戦争中には戦争の最高指導機関である大本営が東京から広島へ移されました。さらに、仮の国会議事堂が建てられ、臨時の⑤帝国議会も開催されました。広島は、その後も戦争のたびに陸軍部隊の集結・出発の地となり、軍事施設も拡充されていきました。しかし、太平洋戦争末期に原子爆弾が投下され、広島は一瞬にして焦土となりました。

原子爆弾の被害により、70年以上不毛の地となるといわれたこともあった広島ですが、現在では中国地方の中心都市として100万人以上の人口をかかえています。被爆直後から復旧作業が始まり、都市機能はしだいに回復していきました。そして、「平和記念都市」としての広島をつくるため、現在の広島平和記念資料館となる建物が建てられました。また、広島県内では終戦後、軍の施設であったところへ企業誘致が積極的に行われ、沿岸部では鉄鋼・⑥造船・⑦自動車などの重工業が急速に発展しました。また、内陸の町では江戸時代から続く⑧伝統工業が行われています。いまでは、⑨広島県がふくまれる工業地域は、中京工業地帯、阪神工業地帯、関東内陸工業地域につぐ工業生産額をあげています（2020年）。第一次産業では、⑩水産物の養殖やレモンの生産がさかんです。

広島は原子爆弾の被害からの復興を早期になしとげましたが、原爆の被害を受けた人々は現在も苦しんでいます。人々を核兵器の脅威から守るため、市や県は核保有国の核実験などに対して強く抗議しています。また、市は被爆体験を後世に伝えるさまざまな取り組みを行っています。広島は、⑪負の遺産や被爆者の体験談によって、核兵器のおそろしさを伝え続け、平和を願う場となっています。

問1　　Ａ　～　Ｄ　にあてはまることばをそれぞれ答えなさい。

問2　下線①について述べた文として正しいものを次から2つ選んで、記号で答えなさい。

　　ア　Ｇ7には、人口が世界で最も多い国がふくまれています。

　　イ　Ｇ7には、すべての安全保障理事会の常任理事国がふくまれています。

　　ウ　Ｇ7には、南半球に首都がある国はふくまれていません。

　　エ　Ｇ7サミットには、7か国の首脳のほか、ＥＵの代表も出席します。

74

問3 下線②について、このサミットを記念して発行された2000円札には、琉球王国にあった城の守礼門が描かれています。この城の名を答えなさい。

問4 下線③について、洞爺湖は噴火によってできたくぼ地である　E　に水がたまってできた湖です。　E　は、阿蘇山でも見られます。　E　にあてはまることばを次から選んで、記号で答えなさい。
　　ア　カルデラ　　　　イ　シラス　　　　ウ　カルスト　　　　エ　クリーク

問5 下線④について述べた文として正しいものを次から選んで、記号で答えなさい。
　　ア　伊勢神宮は世界文化遺産に登録されています。
　　イ　志摩半島には真珠の養殖に初めて成功したところがあります。
　　ウ　このサミットが開催された県には東海道新幹線が通っています。
　　エ　このサミットが開催された県の県庁所在地は大津市です。

問6 下線⑤が初めて開かれるまでにおこった次のア～ウのできごとを時期の古い順に並べかえて、記号で答えなさい。
　　ア　大日本帝国憲法の発布　　　イ　内閣制度の創設　　　ウ　第1回衆議院議員総選挙

問7 下線⑥が発達した広島県内の工業都市を次から選んで、記号で答えなさい。
　　ア　堺　　　　イ　今治　　　　ウ　呉　　　　エ　倉敷

問8 下線⑦をつくる会社の企業城下町として知られる都市を次から2つ選んで、記号で答えなさい。
　　ア　豊田　　　　イ　太田　　　　ウ　日立　　　　エ　水俣

問9 下線⑧について、広島県で生産されている伝統的工芸品を次から選んで、記号で答えなさい。
　　ア　備前焼　　　　イ　美濃和紙
　　ウ　萩焼　　　　　エ　熊野筆

ある水産物の都道府県別収獲量の割合

広島	58%
宮城	14%

(2021年)

問10 下線⑨の名を答えなさい。

問11 下線⑩について、右上の表に示した水産物を次から選んで、記号で答えなさい。
　　ア　かき　　　　イ　ほたて貝
　　ウ　のり　　　　エ　うなぎ

問12 下線⑪ともいわれるものは、広島市にあります。広島県内には、このほかにもう1つ世界文化遺産があります。G7の首脳が訪れた、右の写真の世界文化遺産の名を漢字4字で答えなさい。

2 次の文を読んで、後の問いに答えなさい。

太平洋戦争が終結して　Ａ　年目となった2023年の夏、8月　Ｂ　日に広島で平和記念式典が、　Ｃ　日に長崎で平和祈念式典が行われ、①広島市と長崎市の市長がそれぞれ平和宣言を読みあげました。広島市長は、「②核兵器を保持する国の指導者たちは、広島・長崎の地を訪ね、自らの目で、耳で、③被爆の実相を知る努力をしていただきたい」と訴えた被爆者のことばを伝えました。また、長崎市長は、「過去の苦しみなど忘れ去られつつあるようにみえます。④私はその忘却を恐れます。忘却が新しい原爆肯定へと流れていくことを恐れます」と訴えた被爆者のことばを伝えました。そして、2人の市長は、2023年5月に広島市で行われたG7サミットでまとめられた「核軍縮に関するG7首脳広島ビジョン」にふれ、⑤核兵器を持つことで自国の安全を守るという考え方を強く否定し、対話を通じた信頼関係に基づく安全保障体制の構築を求めました。日本政府に対しては、⑥日本国憲法でかかげた平和の理念を守るとともに、朝鮮半島の非核化などの、⑦東アジアの軍縮と緊張緩和に向けた外交努力を続けるよう求め、2023年11月に開催される⑧核兵器禁止条約の第2回締約国会議にオブザーバー参加（※）するよう求めました。

2018年の長崎と2022年の広島で、国際連合の事務総長として被爆地での式典にそれぞれ出席した　Ｄ　氏も、2023年8月、長崎での平和祈念式典に対してコメントを発表し、「恐ろしい核兵器が使用される危険性が、⑨冷戦以来かつてないほどまでに高まっている」、「国連は、⑩核拡散防止条約（核兵器不拡散条約）や核兵器禁止条約を通じて、国際的な核軍縮・核不拡散体制の強化に向け、世界の指導者たちと引き続き協力していく」と述べました。

広島・長崎の市長や国連の事務総長のことばには、2022年2月に始まったロシアのウクライナ侵攻以降、核兵器が戦争で使用される可能性が高まっていることへの危機感が込められています。先制攻撃は認めておらず、自衛権の行使しか許されない国際連合憲章を破ったロシアに対し、G7をはじめとする欧米諸国や日本などは経済制裁を行ってきましたが、⑪効果は限定的となっています。

世界で唯一の戦争被爆国として、また、⑫非核三原則をかかげている日本には、核兵器の廃絶や国際平和の構築に向けて大きな役割を果たすことが期待されています。日本は、2023年1月から2年間、国連の安全保障理事会の　Ｅ　となっています。日本政府には、外交努力を通じて、世界各国との信頼関係を築くことが、これまで以上に求められています。

※オブザーバー参加……発言権や議決権を行使しない立場で、会議に参加すること。

問1　　Ａ　～　Ｃ　にあてはまる数の合計を算用数字で答えなさい。

問2　　Ｄ　・　Ｅ　にあてはまる人物の名やことばをそれぞれ答えなさい。

問3　下線①には山陽新幹線の駅があります。山陽新幹線の駅がない府県を次から選んで、記号で答えなさい。

　ア　兵庫県　　　　　　　イ　京都府　　　　　　ウ　福岡県　　　　　　エ　山口県

問4　下線②について、核兵器を保有していない国を次から選んで、記号で答えなさい。

　ア　オーストラリア　　　イ　インド　　　　　　ウ　中国　　　　　　　エ　北朝鮮

問5　下線③について、原子爆弾によって亡くなった人々のなかには、熱線や爆風だけでなく、　Ｆ　を大量に浴びて亡くなった人々もいます。　Ｆ　にあてはまることばを漢字3字で答えなさい。

問6 下線④について、広島市の原爆ドーム以外に、核兵器の恐ろしさを忘れないための「負の遺産」とされる世界文化遺産を次から選んで、記号で答えなさい。
　ア　ビキニ環礁　　　　　　　　　イ　アウシュビッツ強制収容所
　ウ　ピラミッド　　　　　　　　　エ　ヴェルサイユ宮殿

問7 下線⑤について、核兵器を持つことで、相手が核兵器による反撃をおそれて、攻撃を思いとどまらせようという考え方を「核　G　力」といいます。　G　にあてはまることばを漢字2字で答えなさい。

問8 下線⑥について、次の文は、日本国憲法の前文の一部です。　H　にあてはまる漢字2字のことばを前ページの本文から抜き出して答えなさい。

> 日本国民は、恒久の平和を念願し、人間相互の関係を支配する崇高な理想を深く自覚するのであって、平和を愛する諸国民の公正と信義に　H　して、われらの安全と生存を保持しようと決意した。

問9 下線⑦について、日本と韓国、日本と中国との間で国交を正常化したときの内閣総理大臣をそれぞれ次から選んで、記号で答えなさい。
　ア　田中角栄　　　　イ　鳩山一郎　　　　ウ　吉田茂　　　　エ　佐藤栄作

問10 下線⑧について、日本が核兵器禁止条約に署名していない理由について、アメリカということばを使って説明しなさい。

問11 下線⑨について、冷戦の影響で分断された国として正しくないものを次から選んで、記号で答えなさい。
　ア　ドイツ　　　　　イ　イタリア　　　　ウ　韓国　　　　エ　ベトナム

問12 下線⑩について、次の問いに答えなさい。
　1　この条約の略称をアルファベットで答えなさい。
　2　この条約を結んだ国は、「　I　の平和利用」の権利が認められ、　I　発電を行うことが可能になりますが、　J　による査察を受けることが義務づけられます。　I　・　J　にあてはまることばをそれぞれ答えなさい。

問13 下線⑪について、ロシアに対する経済制裁には、ＢＲＩＣＳとよばれている新興国はくわわっていません。ＢＲＩＣＳにあてはまる国を次から2つ選んで、記号で答えなさい。
　ア　フィリピン　　　　イ　インドネシア　　　　ウ　インド　　　　エ　中国

問14 下線⑫について、日本の国会で非核三原則が決議された年の後に起こったできごとを次から選んで、記号で答えなさい。
　ア　第五福竜丸事件　　　イ　キューバ危機　　　ウ　沖縄返還　　　エ　朝鮮戦争

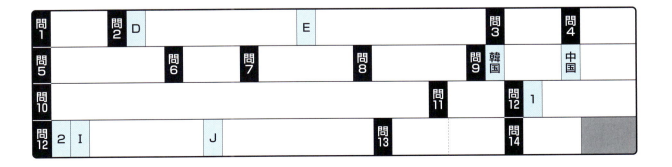

3 次の文を読んで、後の問いに答えなさい。

　　2021年10月に①衆議院議員総選挙が、2022年7月には②参議院議員選挙が行われました。衆議院は解散する可能性があるため、　A　年間の任期満了時かそれまでのいずれかのタイミングで総選挙が行われることになります。一方で解散のない参議院の場合、次の選挙は　B　年に行われることが決まっています。

　　2023年1月に召集された　C　国会の冒頭、　D　首相は衆議院本会議で施政方針演説を行い、「子ども・子育て政策」は最重要政策だと強調しました。

　　3月27日、　E　庁が東京から京都に移転しました。中央省庁が東京以外に移転したのは、明治時代以降初めてのことです。

　　年度初めとなる4月1日には、　F　家庭庁が発足しました。複数の省庁がばらばらに行っていた　F　の成長や支援にかかわる仕事を1つにまとめる役所として活動しています。

　　4月には、都道府県・市町村の首長や議員を全国一斉に選ぶ、　A　年に1度の統一地方選挙が行われました。しかし市町村合併などにより、「統一率」は低下しています。

　　5月8日、③新型コロナウイルスの感染症上の分類が2類相当から5類に引き下げられました。これにより、2020年の前半から3年以上にわたって続いてきた新型コロナウイルス感染症への対応は、1つの区切りをむかえることになりました。

　　C　国会の終盤となる6月には、さまざまな法律が成立しました。

2日：改正④マイナンバー法

9日：出入国管理及び⑤難民認定法（入管法）の改正法

16日：⑥防衛力財源確保特別措置法

16日：　G　理解増進法（性的マイノリティの人たちへの理解を増進することを目的とした法律）

　　なお、16日には、野党が　D　内閣に対する内閣　H　決議案を衆議院に提出しましたが、否決されました。

　　2022年に生まれた　F　の数は初めて80万人を下回り、合計特殊出生率も過去最低と並ぶ1.26となりました。こうした少子化に少しでも歯止めをかけられるのか、「異次元」の少子化対策を打ち出した　D　内閣の手腕が問われています。

　　さらに資源価格などの高騰や円安などによる物価高、防衛費の急増にともなう財源確保、⑦近隣諸国との関係改善を含む外交や安全保障など、解決しなければならない問題が山積しているといえます。

問1　　A　～　F　・　H　にあてはまることばや数をそれぞれ答えなさい。

問2　　G　にあてはまることばを次から選んで、記号で答えなさい。
　　ア　DX　　　　イ　LGBT　　　　ウ　LRT　　　　エ　AI

問3　下線①について述べた文として正しいものを次から選んで、記号で答えなさい。
　　ア　定数は465名で、死票を少なくするために、そのうち289名を比例代表選挙で選出しました。
　　イ　この選挙の後に特別国会が開かれ、安倍晋三氏が首相に指名されました。
　　ウ　衆議院議員の任期満了直前に衆議院が解散され、この選挙が行われました。
　　エ　人口の多い都道府県で選挙区を増やしたため、一票の格差はなくなりました。

問4 下線②について、次の問いに答えなさい。

1 1回の参議院議員選挙での当選者数の組み合わせとして正しいものを次から選んで、記号で答えなさい。

　ア　選挙区＝148・比例代表＝100　　　　イ　選挙区＝74・比例代表＝50

　ウ　選挙区＝146・比例代表＝96　　　　　エ　選挙区＝73・比例代表＝48

2 参議院議員選挙について述べた文として正しいものを次から選んで、記号で答えなさい。

　ア　都道府県をそれぞれ1つの選挙区とし、各都道府県から1人ずつ選出されます。

　イ　選挙権は18歳以上で、被選挙権は30歳以上となっています。

　ウ　比例代表選挙では、有権者は政党名のみを書いて投票しなければなりません。

　エ　参議院議員選挙と同じ日に国民審査も行われます。

問5 下線③は、世界保健機関（略称は　Ⅰ　）による、新型コロナウイルス感染症の緊急事態宣言の終了にあわせたものでした。日本で、新型コロナウイルス感染症を含め、医療や社会保険に関する仕事を中心となって行う国の役所は　Ｊ　です。　Ⅰ　・　Ｊ　にあてはまることばをそれぞれ答えなさい。

問6 下線④については、マイナンバーカードに他人の　Ｋ　情報が登録されていたなどのミスが発覚したことから、2021年に発足した　Ｌ　庁への批判が高まりました。　Ｋ　・　Ｌ　にあてはまることばをそれぞれ答えなさい。

問7 下線⑤について、日本が2022年に認定した難民の数は過去最高の202人となりましたが、欧米諸国と比較するときわめて少ないのが現状です。その一方で、2022年末時点で日本に在留する外国人は約308万人を数えました。在留外国人のうち、国・地域別に分けたとき、最も人数が多い国・地域を次から選んで、記号で答えなさい。

　ア　ロシア　　　　　　　イ　アフガニスタン　　　　ウ　アメリカ　　　　エ　中国

問8 下線⑥について、2023年度の防衛費は前年度から急増しました。防衛費よりも歳出額が少ない項目を次から選んで、記号で答えなさい。

　ア　文教・科学振興費　　イ　社会保障関係費　　　ウ　国債費　　　　　エ　地方交付税交付金

問9 下線⑦とその国の首脳の組み合わせとして正しくないものを次から選んで、記号で答えなさい。

　ア　中国－習近平　　　　イ　台湾－毛沢東　　　　ウ　韓国－尹錫悦　　　エ　北朝鮮－金正恩

問1	A		B		C		D			E	
問1	F			H			問2		問3		
問4	1		2		問5	I			J		
問6	K			L			問7		問8		問9

79

4 日本の貿易やエネルギーなどに関する次の資料を見て、後の問いに答えなさい。

Ⅰ 日本の貿易額の推移

西暦年	輸出	輸入
1970	69544	67972
1980	293825	319953
1990	414569	338552
2000	516542	409384
2010	673996	607650
2011	655465	681112
2012	637476	706886
2013	697742	812425
2014	730930	859091
2015	756139	784055
2016	700358	660420
2017	782865	753792
2018	814788	827033
2019	769317	785995
2020	683991	680108
2021	830914	848750
2022	981750	1181410

（単位　億円）

Ⅱ 日本のエネルギー供給の割合

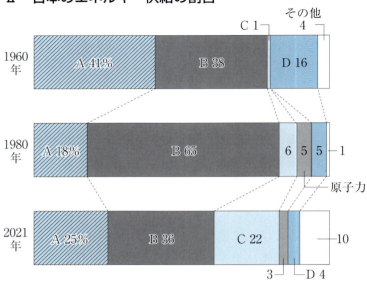

Ⅲ 日本のエネルギー資源の輸入相手先（2021年）

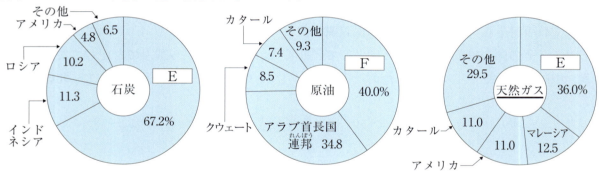

Ⅳ 日本のおもな貿易港の貿易額（2021年）
（単位：億円）

	輸出	輸入	計
第1位の港	128215	161145	289360
第2位の港	64938	122281	187218
第3位の港	124805	52892	177696
第4位の港	72255	49870	122125
第5位の港	57362	41858	99220

Ⅴ 日本の食料自給率の移り変わり（品目別）

	1980年	1990年	2000年	2010年	2021年
ア	100%	100%	95%	97%	98%
イ	10%	15%	11%	9%	17%
ウ	4%	5%	5%	6%	7%
エ	81%	70%	52%	56%	53%

問1　Ⅰの表について、次の問いに答えなさい。

1　Ⅰの表から読みとれることを説明した次の文の あ ～ う にあてはまる数やことばをそれぞれ答えなさい。

> 日本の貿易収支は、東日本大震災が発生した あ 年以降、貿易 い 字が続いていました。しかし、2016年・2017年と2年連続で貿易 う 字となりました。2018年・2019年は貿易 い 字となりましたが、2020年はふたたび貿易 う 字、2021年・2022年は貿易 い 字となりました。

2　Ⅰの表から読みとれることとして正しくないものを次から選んで、記号で答えなさい。

ア　表のうち、最も輸出額が多いのは、2022年です。

イ　日本の輸入額は、2010年以降年々増え続けています。

ウ　1970年から2000年まで、10年ごとの輸入額の増加率をくらべると、1980年から1990年の間が最も小さくなっています。

エ　1970年と2022年をくらべると、輸入の増加額のほうが輸出の増加額より大きくなっています。

問2　ⅡのグラフのA～Dは、水力・石油・石炭・天然ガスのいずれかを示しています。C・Dにあてはまるエネルギー源の名をそれぞれ答えなさい。

問3　Ⅲのグラフについて、次の問いに答えなさい。

1　 E ・ F にあてはまる国について述べた文として正しいものをそれぞれ次から選んで、記号で答えなさい。

ア　国民の多くが仏教徒で、世界有数の米の輸出国です。

イ　アボリジニーという先住民族がくらしています。

ウ　イスラム教の聖地のメッカがあります。

エ　アマゾン川流域には広大な熱帯林があります。

2　下線について、頁岩の層にたまった天然ガスを何といいますか。

問4　Ⅳの表について、次の問いに答えなさい。

1　第1位の貿易港の名を答えなさい。

2　第3位と第4位の貿易港の輸出品で、ともに最も輸出額が多い品目の名を答えなさい。

問5　Ⅴの表について、次の問いに答えなさい。

1　肉類を示しているものを表から選んで、記号で答えなさい。

2　太平洋を取り囲む国々が貿易の自由化などをめざしてきた G は、アメリカが離脱を表明した後、2018年に発効しました。2023年7月、イギリスがこの協定へ加盟することが承認されました。 G にあてはまる協定の略称をアルファベットで答えなさい。

問1	1	あ		年	い		字	う		字	2			
問2	C				D			問3	1	E		F		
問3	2				問4	1					2			
問5	1		2											

81

5 次の文を読んで、後の問いに答えなさい。

　①2023年は、　A　の発生から100年の節目の年にあたります。世界のなかでも、多くの②プレートの境界近くに位置している日本は、これまで幾度となく地震に見舞われてきました。ここでは、日本をおそったおもな地震を見ていきましょう。

　1923年、神奈川県西部を震源とする地震によって起きたのが　A　です。この地震によって、東京や神奈川をはじめとする当時の首都圏はそれまでにない大きな③被害を受け、犠牲者の数は10万人以上にものぼりました。さらに④震災の混乱のなかでさまざまな誤った情報が飛び交い、それによって犠牲となった人々も大勢いました。

　⑤1995年、兵庫県南部を震源とする地震によって起きたのが　B　です。建物の倒壊や家具の転倒によって多くの犠牲者が出たほか、被災地では電気・水道・ガスなどのライフラインが使えなくなりました。

　そして、2011年3月11日、東北地方の太平洋沖を震源とする東日本大震災が発生しました。津波によって多くの犠牲者が出たほか、福島県の　C　発電所で事故が起こりました。また、地方公共団体の庁舎や職員も被災し、被災地の状況を把握しにくくなったことは、⑥新たな支援の方法が取り入れられるきっかけとなりました。

　こうした経験から得られた教訓は、現在、⑦国や地方公共団体がすすめる防災対策にも生かされています。しかし、地震そのものの発生を防ぐことはできません。そのため、近年では、災害が発生したときの被害を最小限に食い止めようとする　D　の取り組みが広まっています。歴史に学び、もしものときに備えることこそ、一人ひとりのかけがえのない命を守ることにつながるのです。

問1　A　・　B　・　D　にあてはまることばをそれぞれ答えなさい。

問2　右の表は、日本の発電のエネルギー源の変化を示したものです。　C　にあてはまる発電方法を示しているものをグラフから選んで、記号で答えなさい。

問3　下線①に起きた地震について、次の問いに答えなさい。

1　2月、トルコ南部を震源とするトルコ・シリア地震が発生しました。トルコの位置を右の地図から選んで、記号で答えなさい。

2　5月には、石川県の　E　半島に位置する珠洲市で、最大震度6強の地震が発生しました。　E　にあてはまる半島の名を答えなさい。また、この半島の北部に位置する都市でつくられている伝統的工芸品を次から選んで、記号で答えなさい。
ア　九谷焼　　イ　輪島塗　　ウ　加賀友禅

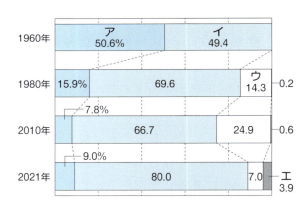

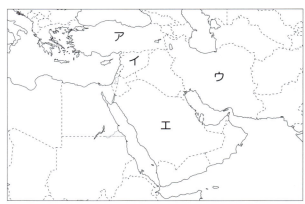

問4 下線②には、活火山が多くあります。日本にある活火山の数に最も近いものを次から選んで、記号で答えなさい。
　ア　70　　　　　イ　110　　　　　ウ　700　　　　　エ　1100

問5 下線③について、次の問いに答えなさい。
1 この震災後、震災復興事業を行うための帝都復興院が設立され、その総裁には、元東京市長の後藤新平が就任しました。震災復興事業として正しくないものを次から選んで、記号で答えなさい。
　ア　隅田公園などの公園を整備しました。　　イ　昭和通りなどの幹線道路を整備しました。
　ウ　コンクリート建築の学校を整備しました。　エ　震災の状況をテレビで伝えました。
2 この震災の22年後、東京は再び広範囲にわたって火災で焼失しました。その理由は何ですか。

問6 下線④について、世の中にあふれる情報のなかには事実と異なるものがあるため、情報を受け取るときは注意が必要です。情報を受け取る際に注意しなければならないこととして正しくないものを次から選んで、記号で答えなさい。
　ア　異なる情報をくらべると正確な判断がしにくくなるため、最も信用できる情報だけに頼ります。
　イ　匿名での発信は無責任に行われることもあるため、他の情報も得るようにします。
　ウ　情報が古いと現在の状況と変化していることがあるため、情報が発信された時期に注意します。
　エ　他人から聞いた情報は誤っていることがあるため、その真偽を確かめます。

問7 下線⑤の年は、見返りとなるお金を求めず、自らすすんで人々や社会のために活動する　F　の人々やその活動に関心が集まるようになったため、　F　元年ともいわれました。　F　にあてはまることばをカタカナで答えなさい。

問8 下線⑥について、2016年の熊本地震の際に初めて、災害が発生した直後に国が被災地からの要請を待たずに必要と思われる物資を届けるプッシュ型支援と、一定の期間が経過した後に被災地からの要請を受けて支援物資を届けるプル型支援が導入されました。プッシュ型支援で国が被災地に届ける物資の例として正しくないものを次から選んで、記号で答えなさい。
　ア　食料品　　　　イ　おむつ　　　　ウ　毛布　　　　エ　現金

問9 下線⑦について、次の問いに答えなさい。
1 2019年、国土地理院は、右の図案を地図記号として定めました。この地図記号が示すものは何ですか。
2 各市町村は、災害発生時の被害予想や避難所をまとめた地図を作成しており、私たちも日頃からこの地図を確認できるようになっています。このような地図を何といいますか。カタカナで答えなさい。

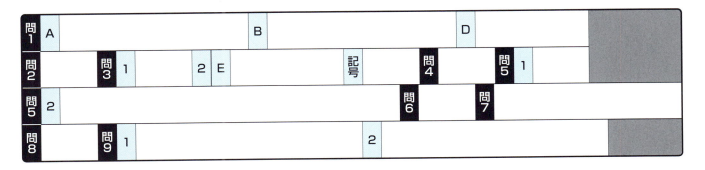

6 次の文を読んで、後の問いに答えなさい。

　2024年、紙幣（お札）に用いられる肖像が、一万円札は40年ぶり、五千円札と千円札は20年ぶりに変更されます。お札をどのような図案にするかは、①通貨にかかわる行政を担当している　A　、発行する　B　、製造する国立印刷局の三者で協議し、最終的には　A　の責任者である国務大臣が決めることになっています。お札に誰の肖像を用いるかについて、特別な制約はありません。しかし、めやすとして次のようなことがらが示されています。

　・日本国民が世界に誇れる人物で、教科書に載っているなど、一般によく知られていること。
　・偽造防止の目的から、なるべく精密な人物像の写真や絵画を入手できる人物であること。

　このような観点から、②現在のお札の肖像は、写真などを手に入れやすい明治時代以降に活躍した人物から選ばれています。

　一万円札に長らく使われていた人物が③福沢諭吉です。実は、福沢諭吉は、2024年に新たに紙幣に肖像が用いられる３人の人物と縁があります。新たに一万円札の肖像となる　C　とは、1894年に協力して慈善事業を行っています。④兵士の家族の支援、戦死者の公葬などについて、福沢は自らの新聞でその必要性を訴え、　C　は多くの企業に声をかけて寄付を募りました。後に、福沢は、　C　が政府の役人を辞め、成功する保証のないなかで新たな企業を数多く興したことを高く評価しています。

　福沢はまた、新五千円札の肖像となる　D　の父親と交流がありました。⑤1867年、江戸幕府は軍艦を注文し、その受け取り交渉のため、使節団をアメリカに派遣しました。その使節団には３人の通訳がいましたが、そのうちの１人が福沢、もう１人が　D　の父親でした。　D　の父親は後に青山学院大学などの創立にかかわります。

　新千円札の肖像となる　E　とは、最も交流が深いといえます。　E　は、ドイツで⑥世界的な研究を成しとげて帰国しました。　E　は、伝染病研究所の設立をめざしますが、国の事業としては準備に時間がかかるため難航していました。たまたま、　E　の上司が、福沢と同じ⑦蘭学塾の出身であったため、福沢に相談しました。その結果、福沢が土地や資金を援助して私立の伝染病研究所が設立されました。この研究所で学んだ人物のなかには、後に、⑧紙幣の肖像に用いられた人物もいます。

問1　　A　・　B　にあてはまる機関の名をそれぞれ答えなさい。

問2　　C　〜　E　にあてはまる人物の名をそれぞれ答えなさい。

問3　下線①について、通貨とそれが流通している国の組み合わせとして正しくないものを次から選んで、記号で答えなさい。

　　ア　ドル－アメリカ　　　　　　　　イ　元－中国

　　ウ　ポンド－イギリス　　　　　　　エ　フラン－フランス

問4　下線②について、現在、沖縄県でほかの県より多く流通している二千円札の表には、人物の肖像が用いられていません。二千円札について、次の問いに答えなさい。

　1　二千円札に用いられている図案（デザイン）について述べた文として正しくないものを次から選んで、記号で答えなさい。

　　ア　表には首里城の守礼門が描かれています。

　　イ　裏には、西暦1000年のころの日本を象徴する『源氏物語絵巻』の一場面が描かれています。

ウ　裏には、藤原頼通の娘に仕えた紫式部が描かれています。

2　二千円札は2000年に発行されました。2000年には沖縄県名護市で主要国首脳会議が開催されました。名護市には現在、アメリカ軍の　F　飛行場を移設するため、　G　の埋め立て工事が行われています。この工事の差し止めを求めて、沖縄県が裁判に訴えましたが、2023年9月、裁判所はこの訴えを退けました。　F　・　G　にあてはまる地名をそれぞれ次から選んで、記号で答えなさい。

　　ア　嘉手納　　　イ　横田　　　ウ　西表　　　エ　辺野古　　　オ　普天間　　　カ　やんばる

問5　下線③が著した、「天は人の上に人をつくらず」という一節で知られている書物の名を答えなさい。

問6　下線④がこのときに派遣されたと考えられる場所を次から選んで、記号で答えなさい。

　　ア　台湾　　　　　　イ　樺太　　　　　　ウ　朝鮮半島　　　　　　エ　シベリア

問7　下線⑤の年におこったできごとを次から選んで、記号で答えなさい。

　　ア　桜田門外の変　　　イ　生麦事件　　　　ウ　大政奉還　　　　エ　五稜郭の戦い

問8　下線⑥を次から選んで、記号で答えなさい。

　　ア　赤痢菌の発見　　　　　　イ　破傷風の血清療法の確立
　　ウ　ペスト菌の培養　　　　　エ　ワクチンによる感染症の予防法の確立

問9　下線⑦を次から選んで、記号で答えなさい。

　　ア　適塾　　　　　　イ　松下村塾　　　　　ウ　鳴滝塾　　　　　エ　慶應義塾

問10　下線⑧の人物の名を答えなさい。

問11　2024年には、イギリスでも紙幣の図案がすべて変わります。イギリスでは、国王の肖像が紙幣に用いられているからです。2023年5月に戴冠式を行ったイギリス国王を次から選んで、記号で答えなさい。

　　ア　スナク　　　　　　イ　エリザベス　　　　　ウ　チャールズ　　　　　エ　ジョンソン

問12　次のア～ケの人物は、第二次世界大戦後に発行された紙幣に肖像が用いられていた人物です。ただし、本文にある人物は除いてあります。Ⅰ～Ⅲが示す人物をそれぞれ下のア～ケから選んで、記号で答えなさい。

Ⅰ　戊辰戦争で新政府軍にくわわり、後に憲法の草案を作成しました。

Ⅱ　条約改正と海外の視察のため、明治政府が初めて派遣した使節団の団長を務めました。

Ⅲ　大正時代に設立された国際機関で重要な地位につき、日本人について記した本を英語で著しました。

　　ア　二宮尊徳　　イ　岩倉具視　　ウ　高橋是清　　エ　板垣退助　　オ　聖徳太子
　　カ　伊藤博文　　キ　新渡戸稲造　　ク　夏目漱石　　ケ　樋口一葉

問1	A		B		問2	C			
問2	D		E			問3			
問4	1		2	F	G		問5		問6		問7
問8		問9		問10			問11		問12 Ⅰ	Ⅱ	Ⅲ

85

7 日本の新幹線を示した次の地図を見て、後の問いに答えなさい。

（島の一部は省略）

問1 Aは、2024年春に開業が予定されている、北陸新幹線の下りの終着駅です。この駅の名を答えなさい。また、北陸新幹線の沿線のようすについて述べた文として正しくないものを次から選んで、記号で答えなさい。
ア 新潟県の糸魚川は世界ジオパークに日本で初めて認定されたところで、日本有数のひすいの産地としても知られています。
イ 富山湾に注ぐ神通川は、その流域で四大公害病の1つであるイタイイタイ病が発生したことで知られています。
ウ 福井県は眼鏡わくの生産で全国の90％以上を占めており、その生産の中心を担っているのが、鯖江市です。
エ 若狭湾に面した海岸の多くはリアス海岸となっていて、日本三景の1つとして多くの観光客が訪れる松島があります。

問2 Bの駅を次から選んで、記号で答えなさい。
ア 高崎駅　　　イ 前橋駅　　　ウ 宇都宮駅　　　エ 大宮駅

問3 Cで示した海底トンネルの名を答えなさい。

問4 次のⅠ～Ⅳのグラフは、東海道・山陽新幹線が通るD～Gの都道府県の、工業製品の出荷額の割合です。グラフと都道府県の組み合わせとして正しいものを下から選んで、記号で答えなさい。

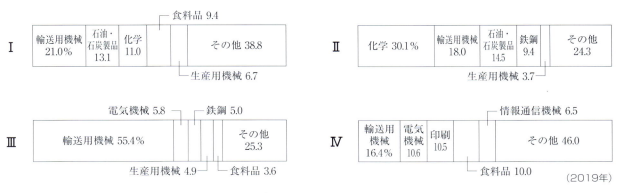

ア　Ⅰ＝G　　イ　Ⅱ＝F　　ウ　Ⅲ＝E　　エ　Ⅳ＝D

問5 次に示した伝統的工芸品の生産県をすべて含む新幹線を地図の①～④から選んで、記号で答えなさい。

　　益子焼　－　会津本郷焼　－　南部鉄器　－　大館曲げわっぱ

問6 ⑤は、リニア中央新幹線です。リニア中央新幹線について述べた次の文の　あ　～　え　にあてはまる地名をそれぞれ答えなさい。

　　リニア中央新幹線は、磁力を利用して車体を浮かせ、超高速で走る列車です。最終的には東京都と大阪府を1時間程度で結ぶ予定で、まず東京都の　あ　駅と愛知県の　い　駅の間の工事が行われてきました。しかし、2027年という当初の開業予定があやぶまれています。南アルプスともよばれる　う　山脈の地下にトンネルを掘る工事によって、　え　川の水量が減り、県民の生活や産業などに悪影響が出るという主張がなされ、静岡県での工事が進んでいないからです。

問7 地図に示された新幹線が開業したときの世の中のようすとして正しいものを次から選んで、記号で答えなさい。

ア　東海道新幹線が開通した1964年は、佐藤栄作内閣が打ち出した所得倍増計画が始まったころでした。

イ　1997年には、北陸新幹線の東京駅－長野駅間が、冬季オリンピック長野大会の開催に合わせて開業しました。

ウ　東北新幹線は、1982年に大宮駅－盛岡駅間が開業しました。その翌年、第一次石油危機が起こり、高度経済成長が終わりをつげました。

エ　西九州新幹線は、2011年、東日本大震災が発生した直後に、博多駅－長崎駅間の全線が開業しました。

解答

基本問題・発展問題・この12年の動き おもなできごと・あれから何年？・予想問題

1 G7広島サミットと核

基本問題 ▶18ページ

① 1945　② 6
③ 第五福竜丸　④ プーチン
⑤ 平和　⑥ 軍縮
⑦ 包括的核実験禁止条約（ＣＴＢＴ）
⑧ ＮＰＴ　⑨ 核兵器禁止
⑩ 安全保障
⑪ 国際原子力機関（ＩＡＥＡ）
⑫ 常任理事
⑬ インド（パキスタン）
⑭ パキスタン（インド）

発展問題 ▶19ページ

問1 プーチン　問2 ウ　問3 エ
問4 アメリカ・カナダ
問5 ③ ウ　④ イ　問6 ウ
問7 国 アメリカ　年 1951　首相 吉田茂

2 国際社会の動き

基本問題 ▶22ページ

① 石油危機（第一次石油危機）
② クリミア　③ 名護
④ 洞爺湖　⑤ 志摩
⑥ ゼレンスキー　⑦ インド
⑧ オーストラリア　⑨ 南
⑩ ＵＮＣＴＡＤ（国連貿易開発会議）
⑪ G20
⑫ ＢＲＩＣＳ

発展問題 ▶23ページ

問1 G20　問2 イ・ウ　問3 ＮＡＴＯ
問4 ベルリン
問5 1 あ・い・う
　　 2 あ・い　3 え・き
問6 あ バイデン　か ゼレンスキー
問7 い ア　う エ　か カ
問8 あ・え・お

3 国内政治の動き

基本問題 ▶26ページ

① 80　② 合計特殊出生率
③ 社会保障　④ 育児休業
⑤ こども家庭庁　⑥ ヤングケアラー
⑦ 地方公共団体（地方自治体）
⑧ マイナンバー　⑨ 健康保険証
⑩ デジタル　⑪ 文化庁
⑫ 京都

発展問題 ▶27ページ

問1 年金
問2 記号 ウ　役所 こども家庭庁
問3 ＧＤＰ　問4 い　問5 ア
問6 ＩＣＴ

4 経済と財政

基本問題 ▶30ページ

① 赤字　② 円安
③ 輸入　④ 天然ガス
⑤ 電気　⑥ 燃料
⑦ ほたて貝　⑧ 中国（中華人民共和国）
⑨ 国債　⑩ 財政赤字
⑪ 防衛　⑫ 反撃（敵基地攻撃）
⑬ 9

発展問題 ▶31ページ

問1 ウ　問2 とうもろこし　問3 イ
問4 D イ　E エ　F オ
問5 あ イ　い ア　う ウ　え エ
問6 お イ　か ア　き エ　く ウ

5 地球環境問題とエネルギー

基本問題 ▶34ページ

① ドイツ　② 2011
③ 福島　④ 化石
⑤ 再生可能　⑥ 温室効果
⑦ 中国（中華人民共和国）
⑧ アメリカ

⑨ 気候変動 　⑩ ＣＯＰ

⑪ パリ 　⑫ 産業革命

⑬ 石炭 　⑭ カーボンニュートラル

⑮ ＧＸ 　⑯ 風力

発展問題 ▶35ページ

問1 1 イ　 2 Ｂ 産業革命　 Ｃ 蒸気

　　 3 持続可能

問2 エ　 問3 Ｅ ウ　 Ｆ ア

問4 ア　 問5 イ・ウ

● この12年の動き

年表 ▶36ページ

① 東日本 　② 政権交代

③ ロシア 　④ 消費税

⑤ ウクライナ 　⑥ 北陸

⑦ ＳＤＧｓ 　⑧ ヨーロッパ連合（ＥＵ）

⑨ 核兵器 　⑩ 18

⑪ 金正恩（キムジョンウン） 　⑫ 令和

⑬ 大阪 　⑭ 東京

⑮ バイデン 　⑯ 西九州

⑰ 韓国（大韓民国）

発展問題 ▶41ページ

問1 Ａ 安倍晋三　 Ｃ 爆発

　　 Ｄ ロシア（ロシア連邦）

　　 Ｅ 中国（中華人民共和国）

問2 20・18　 問3 a イ　 b ウ

問4 イ　 問5 ウ　 問6 エ

6 近隣諸国の動き

基本問題 ▶44ページ

① 韓国（大韓民国） 　② 日韓基本

③ 佐藤栄作 　④ ハングル

⑤ 金正恩 　⑥ 安全保障

⑦ 拒否権 　⑧ 拉致

⑨ 14 　⑩ 一人っ子

⑪ インド 　⑫ 1949

⑬ 社会 　⑭ 台湾

発展問題 ▶45ページ

問1 Ａ 日韓基本　 Ｃ 竹島

問2 エ　 問3 年 1910　 記号 イ

問4 ＯＤＡ　 問5 イ

7 新型コロナウイルス

基本問題 ▶48ページ

① ジュネーブ 　② ＷＨＯ

③ 緊急事態 　④ パンデミック

⑤ 安倍晋三 　⑥ オリンピック

⑦ パラリンピック 　⑧ 3密

⑨ テレワーク（リモートワーク）

⑩ デリバリー 　⑪ テイクアウト

⑫ 半導体 　⑬ ワクチン

⑭ 成田 　⑮ インバウンド

発展問題 ▶49ページ

問1 略称 ＷＨＯ

　　 記号 エ

問2 1 ウ　 2 ウ

問3 1 厚生労働省　 2 ア

問4 1 インバウンド　 2 イ

8 運輸と地方の動き

基本問題 ▶52ページ

① 残業 　② 2024年

③ 宅配便 　④ 北陸

⑤ 敦賀 　⑥ 金沢

⑦ リニア 　⑧ 名古屋

⑨ 赤石 　⑩ 佐賀

⑪ 西九州 　⑫ 統一

⑬ 知事 　⑭ 総務

⑮ 無投票 　⑯ 民主

発展問題 ▶53ページ

問1 イ　 問2 ア

問3 1 エ　 2 敦賀　 3 オ　 4 ア

9 自然災害

基本問題 ▶56ページ

① 関東大震災（関東大地震）

② プレート

③ 阪神・淡路大震災（阪神大震災・兵庫県南部地震）

④ 東日本大震災（東北地方太平洋沖地震）

⑤ 津波 　⑥ 南海トラフ

⑦ トルコ 　⑧ 難民

⑨ ＵＮＨＣＲ 　⑩ ジオパーク

⑪ 国土地理院 　⑫ 沖ノ鳥島

⑬　屋久島　　　　　　　⑭　尖閣諸島

発展問題　▶57ページ

問1　A　プレート　　　B　能登
　　　　C　国土地理院

問2　ウ

問3　位置　ア　　文　ク

問4　阪神・淡路大震災（阪神大震災）

問5　ウ

問6　1　佐渡島　　2　小笠原諸島

11 理科の時事問題

基本問題　▶63ページ

①　リュウグウ　　　　　②　イ
③　ア　　　　　　　　　④　ア
⑤　偏西風　　　　　　　⑥　ウ
⑦　病原体　　　　　　　⑧　エ

おもなできごと　▶64ページ

①　臨時　　　　　　　　②　イギリス
③　温室効果　　　　　　④　ＡＳＥＡＮ
⑤　80
⑥　衆議院議員総（衆議院議員）
⑦　一票の格差　　　　　⑧　気候変動
⑨　無形文化遺産　　　　⑩　非常任理事国
⑪　2　　　　　　　　　⑫　赤字
⑬　通常　　　　　　　　⑭　トルコ
⑮　国土地理院　　　　　⑯　韓国（大韓民国）
⑰　岸田文雄　　　　　　⑱　ゼレンスキー
⑲　アメリカ　　　　　　⑳　京都
㉑　こども　　　　　　　㉒　自転車
㉓　フィンランド　　　　㉔　ＮＡＴＯ
㉕　スウェーデン　　　　㉖　日本銀行
㉗　万博（万国博覧会）　㉘　ドイツ
㉙　ニューヨーク　　　　㉚　インド
㉛　中国（中華人民共和国）
㉜　能登　　　　　　　　㉝　ＷＨＯ
㉞　新型コロナウイルス　㉟　財務
㊱　広島　　　　　　　　㊲　7
㊳　ジオパーク　　　　　㊴　滋賀
㊵　ＧＸ　　　　　　　　㊶　合計特殊出生率
㊷　難民　　　　　　　　㊸　ＵＮＨＣＲ

㊹　不信任　　　　　　　㊺　ジェンダー
㊻　消費税　　　　　　　㊼　ＴＰＰ
㊽　グテーレス（グテレス）
㊾　食料自給率　　　　　㊿　処理
51　宇都宮　　　　　　　52　ＬＲＴ
53　フランス　　　　　　54　20
55　国連総会　　　　　　56　持続可能

あれから何年？　▶68ページ

①　イラク
②　環境基本
③　ＥＵ
④　石油危機（第1次石油危機）
⑤　関東大震災
⑥　徴兵令
⑦　地租改正
⑧　クリミア
⑨　子どもの権利
⑩　関西国際（関西）
⑪　佐藤栄作
⑫　東海道新幹線
⑬　第五福竜丸
⑭　民選議院設立建白書

予想問題　▶74ページ

1　問1　A　ゼレンスキー　　B　ロシア
　　　　C　太田　　　D　日清
　　問2　ウ・エ　　問3　首里城　　問4　ア
　　問5　イ　　問6　イ→ア→ウ　　問7　ウ
　　問8　ア・イ　　問9　エ
　　問10　瀬戸内工業地域
　　問11　ア　　問12　厳島神社

2　問1　93
　　問2　D　グテーレス（グテレス）
　　　　E　非常任理事国
　　問3　イ　　問4　ア　　問5　放射線
　　問6　ア
　　問7　抑止
　　問8　信頼　　問9　韓国　エ　　中国　ア
　　問10　アメリカの核の傘によって守られているから。
　　問11　イ

問12　1　ＮＰＴ
　　　 2　Ｉ　原子力
　　　　　 Ｊ　国際原子力機関（ＩＡＥＡ）
問13　ウ・エ　　問14　ウ

3　問1　Ａ　4　　Ｂ　2025　　Ｃ　通常
　　　　Ｄ　岸田文雄　　Ｅ　文化　　Ｆ　こども
　　　　Ｈ　不信任
問2　イ　　問3　ウ　　問4　1　イ　　2　イ
問5　Ｉ　ＷＨＯ
　　　Ｊ　厚生労働省
問6　Ｋ　個人　　Ｌ　デジタル
問7　エ　　問8　ア　　問9　イ

4　問1　1　ⓐ　2011　　ⓘ　赤　　ⓤ　黒
　　　　2　イ
問2　Ｃ　天然ガス　　Ｄ　水力
問3　1　Ｅ　イ　　Ｆ　ウ　　2　シェールガス
問4　1　成田国際空港　　2　自動車
問5　1　エ　　2　ＴＰＰ

5　問1　Ａ　関東大震災
　　　　Ｂ　阪神大震災（阪神・淡路大震災）
　　　　Ｄ　減災
問2　ウ
問3　1　ア　　2　Ｅ　能登　　記号　イ
問4　イ
問5　1　エ
　　　　2　アメリカ軍によって空襲されたから。
問6　ア　　問7　ボランティア　　問8　エ
問9　1　自然災害伝承碑
　　　　2　ハザードマップ

6　問1　Ａ　財務省　　Ｂ　日本銀行
問2　Ｃ　渋沢栄一　　Ｄ　津田梅子
　　　　Ｅ　北里柴三郎
問3　エ
問4　1　ウ　　2　Ｆ　オ　　Ｇ　エ
問5　**学問のすゝめ**　　問6　ウ　　問7　ウ
問8　イ　　問9　ア　　問10　**野口英世**
問11　ウ　　問12　Ⅰ　カ　　Ⅱ　イ　　Ⅲ　キ

7　問1　駅　**敦賀**　　記号　エ　　問2　ア
問3　**青函（青函海底）**
問4　エ　　問5　③
問6　あ　**品川**　　い　**名古屋**

　　　　う　赤石　　え　大井
問7　イ

91

解答・解説 | 記述問題

解答を作成するときのポイントとなることばを **キーワード**、関連する情報を **解説** にまとめています。

（▶内は問題のページ）

1 G7広島サミットと核　▶69ページ

問1　核兵器を持つことで、相手国が報復をおそれて、核兵器による攻撃を行わないという考え方。

キーワード　核兵器

解説

核保有国は、核兵器を持つことで核抑止力を持つと主張しています。したがって、すべての核保有国が、核兵器禁止条約に参加していません。

なお、核拡散防止条約（NPT）は、世界に核兵器を広めないために、核保有国を限定して、核兵器を持たない国が核開発を行わないようにした条約です。

問2　アメリカと日米安全保障条約を結んでおり、核兵器を保有しているアメリカの「核の傘」によって、核兵器による攻撃がさまたげられていると考えているから。

キーワード　日米安全保障条約　核兵器　核の傘

解説

核保有国と、核保有国と安全保障条約を結んだ国は核兵器禁止条約に参加していません。核保有国は、国際連合の安全保障理事会の常任理事国の5か国と北朝鮮、イスラエル、インド、パキスタンです。日本や韓国は、アメリカと安全保障条約を結んでいます。このほか、北大西洋条約機構（NATO）加盟国もすべて参加していません。

2 国際社会の動き　▶69ページ

問1　第一次石油危機後の経済的な混乱についての対応を話し合うために、フランスの大統領のよびかけで始まった。

キーワード　石油危機

解説

1973年の第一次石油危機後の経済的な混乱についての対応を話し合うために、フランスの大統領のよびかけで1975年に始まりました。その後、アメリカ、イギリス、フランス、日本、ドイツ、イタリア、カナダの7か国が参加することになったので、G7サミットとよばれるようになりました。1998年からは新たにロシアが参加したために、G8サミットとよばれるようになりましたが、2014年にロシアがウクライナのクリミア半島の領有を宣言したことから、参加資格を停止され、再びG7となりました。

問2　地球の南側に多い発展途上国や新興国と、北側に多い先進国との経済上の格差を南北問題とよぶ。これに対して、南部にある発展途上国や新興国のなかでも大きな経済格差が生じていることを示していることばである。

キーワード　発展途上国　先進国　格差

解説

地球の北側に多い先進国と、それらの国々より南側に位置している国が多い発展途上国との経済的な格差を南北問題といいます。国際連合の国連貿易開発会議（UNCTAD）が南北問題の解消に取り組んでいます。

南側にある発展途上国や新興国の間にも経済的な発展の度合いに差がついてきたことから、近年、南南問題という用語も用いられるようになってきました。工業化がすすんだ国や地下資源が豊富にある国々と、それ以外の国々との間で格差がひろがっています。

3 国内政治の動き　▶70ページ

問1
・将来、生産年齢人口が減少することで、日本の経済がおとろえてしまうこと。
・人口に占める高齢者の割合がさらに高くなり、社会保障制度の維持が困難になってしまうこと。

キーワード　生産年齢人口　高齢者　社会保障制度

解説

生産年齢人口（15〜64歳）が少なくなると、国内の需要が減って経済規模が縮小し、労働力が不

足して日本の国際競争力が低下することなどが考えられます。

　また、働く世代と高齢者とのバランスがくずれれば、社会保険料や税金を納める人が減る一方で、年金を受け取る人が増えて、社会保障制度の維持が困難になります。

　こうした状況を改善するには、少子化の進行を少しでもゆるめる以外に、かぎられた労働力で多くの価値を生み出し、1人あたりの所得を増やす方法を考え出すことが求められます。

問2　京都には文化財が多く、さまざまな伝統文化も保たれていて、それらの文化財や伝統文化を活用した観光もさかんなところだから。

キーワード　文化財　伝統文化　観光

解説
　文化庁は、移転先に京都を選んだ理由に、文化財が多く伝統が蓄積していること、文化財を活用した観光を強化できること、地方文化の多様性を保つことにつながることなどをあげています。

4 経済と財政　▶70ページ

問1
・電気料金やガス料金が値上げされ、食品工場の電気代やガス代が増えたこと。
・原油の価格上昇にともない、食品を運ぶトラックの燃料費が増えたこと。
・食品包装用の袋などのプラスチックが値上がりしたこと。

など

キーワード　電気　ガス

解説
　食品の値段には、製造から販売までにかかる費用がふくまれます。そのなかには、工場での製造費用や、原材料や製品の輸送費用があります。また、食品の包装容器に多く使用されているプラスチックは石油を原料としているので、輸入価格の値上がりの影響を受けます。

問2
・高齢化の進行により今後ますます増えていくと考えられる社会保障関係費に回せる分が減ってしまう。

・今後、財源を確保するために国債を発行するなら、ますます財政赤字が深刻になってしまう。

など

キーワード　社会保障関係費　国債　財政赤字

解説
　高齢化がすすむと、年金や医療・介護などの社会保険の費用などが今後さらに必要になります。また、岸田内閣がとなえる「異次元の少子化対策」の実現のためにも、多くの費用が必要です。

　こうした財政状況のなか、岸田内閣は、日本の安全保障に関する政策を大幅に変える方針を閣議決定し、防衛関係費の増額を決めました。

　2023年6月、防衛費増額のための防衛力財源確保特別措置法（財源確保法）が通常国会で成立しました。このように防衛関係費を優先して増やす方針に対して、社会保障関係費が減ってしまい、現在の社会保障制度の維持が困難になるのではないかと不安視する声もあります。

5 地球環境問題とエネルギー　▶71ページ

問1　原子力発電の代わりに化石燃料を燃やす火力発電が増えてしまえば、「脱炭素」をすすめるうえでの妨げになってしまうと考えるから。

キーワード　火力発電　化石燃料

解説
　2011年3月、東日本大震災によって起きた福島第一原子力発電所の事故の3か月後、ドイツで行われたある世論調査では、「脱原発」への賛成は54%、反対は43%でした。一方、2023年4月に行われた世論調査では、賛成は34%、反対は59%と逆転しました。

　ウクライナ侵攻に対する各国の経済制裁への対抗手段として、ロシアが天然ガスの供給を削減した結果、ガスや電気の料金が高騰し、人々の生活や産業を直撃しました。そのために、原子力発電の代替エネルギーとして、石炭火力発電の割合が高まり、「脱炭素」に逆行することになりました。

　「脱炭素」と「脱原発」を両立することは、パリ協定に参加した多くの国々にとっての共通の課題です。

問2　温室効果ガスについて、産業や家庭などによる排出量から、森林などによる吸収量を差し引いて、全体としてゼロにすること。

キーワード　排出量　森林　吸収

解説

温室効果ガスの排出量そのものをゼロにすることは困難です。排出量をおさえるとともに、森林の保全や植林などによって光合成による二酸化炭素の吸収量を増やし、排出量から吸収量を差し引いた結果、全体としてゼロにすることを、カーボンニュートラルといいます。

6 近隣諸国の動き ▶71ページ

問　中国政府　福島の原子力発電所の事故による処理水は放射性物質で汚染されており、その「汚染水」を海に放出したことによって、日本から輸入される水産物は安全性に問題があると判断したから。

日本政府　海に放出した処理水は、国際的な基準を大きく下回るほどに放射性物質の濃度をうすめたものであり、中国政府の反応は科学的根拠にもとづいていないから。

キーワード　処理水　放射性物質

解説

2011年に発生した東日本大震災での福島第一原子力発電所の事故の後、冷却を続けるため、高濃度の放射性物質をふくんだ水が大量に発生しました。この水を、いくつもの施設で放射性物質の濃度をうすめたものが「処理水」です。「処理水」は発電所の敷地内にあるタンクに保管してきました。しかし、貯蔵するタンクを建設する土地が限界に近づいており、新たなタンクの建設が難しくなってきていることから、処理水を海に放出することにしたのです。

国際原子力機関（ＩＡＥＡ）は、この放出について、国際的な安全基準に合致すると報告しています。

中国政府は、「この放出は世界の海洋環境を悪化させる」などとして批判するとともに、日本からの水産物の輸入を全面的に禁止しました。処理水の放出は、今後30年程度続くとされます。福島

県や日本の水産物が受ける風評被害に対して、日本政府がどのように対応していくかが課題となっています。

7 新型コロナウイルス ▶72ページ

問1　人やモノの動きで世界が一体化するグローバル化がすすみ、仕事や旅行のために、多くの人が航空機で移動するようになっていたから。

キーワード　グローバル化　航空機

解説

新型コロナウイルスの感染が拡大するまで、日本を訪れる外国人観光客の数は急増してきました。こうした傾向は日本にかぎらず、外国へ旅行へ行く人の数は、近年、世界全体で増え続けてきました。

仕事の面でも、国と国どうしの結びつきは強まりました。先進国にある多くの企業は、工場を外国に移転し、生産費が安い国で現地生産を行うようになりました。一方、発展途上国の人は賃金のより高い仕事を求めて、先進国で働くようになりました。こうしたことにより、仕事のために外国との間を行き来する人の数も急増しました。

このようなグローバル化（グローバリゼーション）が、新型コロナウイルスの感染を急速に拡大させた背景にあります。

問2　感染拡大を防ぐために、会社ではなく自宅でテレワークをする人が増え、外食の代わりに自宅で食事をする人が多くなったことから、自宅に食事を届けるデリバリーにかかわる業種が成長した。

など

キーワード　感染　テレワーク　デリバリー

解説

新型コロナウイルスの感染の急速な拡大にともない、感染リスクをさけるために、外食する機会が減りました。そのため、自宅で食事をすることが増えました。自宅に注文した店の食事を運んだり、スーパーマーケットから注文した食材を届けたりする仕事が増え、新たに宅配を始める会社や、宅配をするために従業員を増やす会社も現れました。

8 運輸と地方の動き ▶72ページ

問1 ・宅配便を確実に受け取れる日時を指定して発送してもらい、再配達しなくてすむようにする。

・通信販売を利用するときには、必要なものはまとめて購入し、配達の回数をできるだけ減らす。

など

キーワード 再配達

解説

現在、再配達される宅配便は、宅配便全体の10％あまりにのぼると報告されています。再配達のためにトラックの運転時間が増えると、ドライバーの労働時間が長くなるだけでなく、二酸化炭素の排出量が増えるなどの問題が生じます。

工場を中心とした原材料や製品の輸送、そしてお店やコンビニエンスストアへの商品の配送をふくめ、わたしたちが物流の恩恵を受けない日はありません。荷物を確実に受け取れる日時や場所を指定して発送し、再配達を減らすなど、消費者にも持続可能な社会にむけた取り組みが求められています。

問2 ・議員の報酬を上げる。

・オンラインでの議会参加を認める。

・被選挙権を引き下げる。

など

キーワード 報酬　オンライン　被選挙権

解説

無投票となる地方選挙がめだつ背景として、「職業としての議員に魅力があまりない」という点が指摘されています。小規模な市町村では議員の報酬が少ないことなどがその理由にあげられています。

議員になる人の年齢層が比較的高く、また女性の比率が低いという現実を改めるために、「休日・夜間に議会を開く」「リモートで審議を行う」「育児休業制度を実施する」などに取り組んでいる地方議会もあります。

身近な地域のことは自分たちで決めていく、という地方自治の精神がすたれてしまわないように

することが望まれています。

また、財政基盤の弱い地方公共団体を政府がどのようにささえていくのかが課題となっています。

9 自然災害 ▶73ページ

問1 4つのプレートの境に日本列島が位置し、プレートどうしがぶつかったり沈みこんだりするから。

キーワード プレート

解説

大きな地震が起きる原因の1つは、プレートがぶつかったり沈みこんだりすることです。日本列島はユーラシアプレート、太平洋プレート、フィリピン海プレート、北アメリカプレートの4つのプレートの境界近くに位置しています。

2011年3月11日の東日本大震災は、太平洋プレートと北アメリカプレートのずれにより発生しました。近い将来、フィリピン海プレートとユーラシアプレートの間にある南海トラフでも大きな地震が起きる可能性が高いことが指摘されています。

問2 ・自分が住んでいる地域で行われている避難訓練に参加する。

・近所で避難をよびかけあう。

など

キーワード 地域

解説

災害に対する備えは大きく分けて3つあります。自分で災害に対する準備をととのえる「自助」、地域の人々と協力して備える「共助」、国や地方公共団体が中心となり災害に備える「公助」です。そのなかの「共助」は、地域の人たちとのつながりにより災害に備えることです。

地域で行っている防災訓練や地域行事などに積極的に参加して、ふだんから地域住民どうしがコミュニケーションを取っておくことが大切だと考えられています。

95

さくいん

あ

アウンサンスーチー・・・・・・・・・・ 40
安倍晋三・・・・・・・・・・・・・・・ 36,37
アマミノクロウサギ・・・・・・・・ 7,15
アメリカ・・・・・・・・・・・・・・・・・・・・・
　　　1,2,5,7,14,17,20,21,28,29,36,
　　　　　　　39,40,43,65,68
アメリカ航空宇宙局（NASA）・・・ 60
アルテミス計画・・・・・・・・・・・・・・ 60
安全保障理事会・・・・・・・・・・・ 43,64

い・う・え

イギリス・・・・・・・・・ 2,5,14,36,68
イタリア・・・・・・・・・・・・・・・・ 2,14
遺伝子・・・・・・・・・・・・・・・・・・・・ 62
インド・・・・・・・・・・・・・・・・・・・・・
　　　2,5,14,17,20,21,43,60,67
インドネシア・・・・・・・・・・・・・・・ 20
インバウンド・・・・・・・・・・ 表紙,46,47
ウイルス・・・・・・・・・・・・・・・・・・ 62
ウクライナ・・・・・・・・・・・・・・・・・・
　　　表紙,5,14,16,17,20,21,28,
　　　　　　29,32,33,39,65,68
宇宙航空研究開発機構（JAXA）・・・・・
　　　　　　　　　　　　　　 59
うるう秒・・・・・・・・・・・・・・・・・・ 58
LGBT・・・・・・・・・・・・・・・・・・・・ 66
エルニーニョ現象・・・・・・・・・・・・・ 61
円安・・・・・・・・・・・・・・・・ 28,29,47

お

オーストラリア・・・・・・・・・・・・・・・・
　　　　　　5,14,20,21,60,67
オリンピック・・・・・・・・・・・・・・・・
　　　14,15,36,38,40,47,67,68
温室効果ガス・・・・・・・・・・・・・・・ 33

か

カーボンニュートラル・・・・・・・・ 33
皆既日食・・・・・・・・・・・・・・・・・・ 60
外来種・・・・・・・・・・・・・・・・・・ 7,62
核拡散防止条約（NPT）・・・・・・・ 17
核実験・・・・・・・・・・・・・・・・・ 17,40
核の傘・・・・・・・・・・・・・・・・・ 17,39
核兵器禁止条約・・・・・・・・・・・ 17,39
核抑止力・・・・・・・・・・・・・・・・・・ 17
過疎化・・・・・・・・・・・・・・・・・・・・ 51
カナダ・・・・・・・・・・・・・・・ 2,7,14
環境問題・・・・・・・・・・・・・・・・・・ 36
環太平洋経済連携協定（TPP）・・・・・・
　　　　　　　　　　　　　 5,67
関東大震災・・・・・・・・・・・・・・・ 8,15
寒波・・・・・・・・・・・・・・・・・・・・・ 61

き

気候変動枠組条約・・・・・・・・・・・・・ 33
岸田文雄・・・・・・・・ 4,24,29,36,42
気象庁・・・・・・・・・・・・・・・・ 55,61
北里柴三郎・・・・・・・・・・・・・・・・・ 1
北大西洋条約機構（NATO）・・・ 5,65
北朝鮮（朝鮮民主主義人民共和国）・・・
　　　　　　14,17,36,40,43
金正恩（キムジョンウン）・・・・・・・・・
　　　　　　　　　　　14,40,43
京都議定書・・・・・・・・・・・・・・・・・ 33
拒否権・・・・・・・・・・・・・・・・・・・・ 43
金環日食・・・・・・・・・・・・・・・・・・ 60
緊急事態宣言・・・・・・・・・・・・ 36,66

く

クアッド・・・・・・・・・・・・ 14,15,21
クーデター・・・・・・・・・・・・・・ 36,40
グテーレス（グテレス）・・・・・・・・ 14
グリーントランスフォーメーション
（GX）・・・・・・・・・・・・・・・ 33,66
クリミア・・・・・・・・・・・・ 21,36,39

グローバル化（グローバリゼーション）
・・・・・・・・・・・・・・・・・・・・・・ 40
グローバルサウス・・・・・・・・・・ 5,21
軍事政権・・・・・・・・・・・・・・・・・・ 14

け

経済制裁・・・・・・・・・・・・・・・・・・ 28
経済連携協定（EPA）・・・・・・・・・・ 5
元号・・・・・・・・・・・・・・・・・・ 36,38
原子時間・・・・・・・・・・・・・・・・・・ 58
原子力発電所・・・・・ 14,17,32,65,66
憲法改正・・・・・・・・・・・・・・・・・・ 38

こ

合計特殊出生率・・・・・・・ 4,24,25,43
公職選挙法・・・・・・・・・・・・・・ 37,64
高齢化・・・・・・・・・・・・・・・・ 43,51
国際原子力機関（IAEA）・・・・・・・・ 17
国際連合（国連）・・・・・・・・・・・・・・
　　　21,36,39,43,64,65,67,68
国土地理院・・・・・・・・・・・・・・・・・ 55
国民投票・・・・・・・・・・・・・・・ 36,38
国連教育科学文化機関（ユネスコ）・・・
　　　　　　　　　　　55,64,66
国連事務総長・・・・・・・・・・・・・・・ 14
国連難民高等弁務官事務所（UNHCR）
・・・・・・・・・・・・・・・・・・・・・・ 55
国連貿易開発会議（UNCTAD）
・・・・・・・・・・・・・・・・・・・・・・ 21
こども家庭庁・・・・・・・・・・・・・ 4,25
小麦・・・・・・・・・・・・・・・・・・・・・ 29

さ

蔡英文（さいえいぶん）・・・・・ 14,43
細菌・・・・・・・・・・・・・・・・・・・・・ 62
歳出・・・・・・・・・・・・・・・・・・ 29,47
財政赤字・・・・・・・・・・・・・・・・・・ 29
再生可能エネルギー・・・・・・・・ 32,33
裁判員・・・・・・・・・・・・・・・・・・・・ 38

在来種・・・・・・・・・・・・・・・・・・・ 62
サミット・・・・・・・・・・・・・・・・・・・・・
　　　　　表紙,2,3,14,15,16,20,
　　　　　21,36,39,42,66～68
参議院議員選挙・・・・・・・・・・・ 36,37

し・す

持続可能な開発目標（SDGs）・・・・・・
　　　　　　　　　　　　　　36,39
渋沢栄一・・・・・・・・・・・・・・・・・ 1,15
自民党（自由民主党）・・・・・ 36,37,68
衆議院議員総選挙・・・・・・・ 36,37,68
習近平・・・・・・・・・・・・・・・・・・・・ 14
少子化・・・・・・・・・・・・ 4,24,25,43
常任理事国・・・・・・・・・・・・・・・・ 14
小惑星リュウグウ・・・・・・・・・・・・・ 59
処理水・・・・・・・・・ 4,15,17,29,61
新型コロナウイルス（COVID-19）・・
　　　　表紙,28,36,38,40,46,47,62
新興国・・・・・・・・・・・・・・ 2,5,21
人工知能・・・・・・・・・・・・・・・・・・・ 6
新紙幣・・・・・・・・・・・・・・・・・・ 1,65
スウェーデン・・・・・・・・ 5,14,21,67
スナク・・・・・・・・・・・・・・・・・ 14,64

せ

政権交代・・・・・・・・・・・・・・・ 36,37
成人年齢・・・・・・・・・・・・・・・ 36,38
生成AI ・・・・・・・・・・・・・・・・・・・ 6
生態系・・・・・・・・・・・・・・・・・・・ 62
性的マイノリティ・・・・・・・・・・・・・ 66
生物多様性・・・・・・・・・・・・・・・・ 62
世界気象機関（WMO）・・・61,64,67
世界ジオパーク・・・・・・・・・・・ 15,55
世界文化遺産・・・・・・・・・・・・・・ 表紙
世界保健機関（WHO）・・・40,46,66
石炭火力発電・・・・・・・・・・・・ 32,33
積乱雲・・・・・・・・・・・・・・・・・・・ 55
ゼレンスキー・・・・・・・ 表紙,14,20,21
選挙権・・・・・・・・・・・・・・・・・ 37,38

線状降水帯・・・・・・・・・・・・・・・・ 55
先進国・・・・・・・・・・・・・ 2,5,21,39

た

第一次石油危機・・・・・・・・・・・・ 2,21
大韓民国（韓国）・・・・・・・・・・・・・・
　　　　　　14,15,17,20,42,43
第五福竜丸事件・・・・・・・・・・・・・ 16
太陽日・・・・・・・・・・・・・・・・・・・ 58
台湾・・・・・・・・・・・・・・・・・ 14,43
竹島・・・・・・・・・・・・・・・・・ 15,42
脱原発・・・・・・・・・・・・・・・・・・・ 32
脱炭素社会・・・・・・・・・・・・・・・・ 33

ち・つ

地球温暖化・・・・・・・・・・・・・・・ 7,67
地球観測衛星だいち・・・・・・・・・・・ 59
チャットGPT ・・・・・・・・・・・・・ 6,61
中国（中華人民共和国）・・・・・・・・・・・
　　　　5,14,17,20,21,29,43,47,60
朝鮮戦争・・・・・・・・・・・・・・・・・ 40
徴用工・・・・・・・・・・・・・・・・・・・ 42
津田梅子・・・・・・・・・・・・・・・・・・・ 1
津波・・・・・・・・・・・・・・・・・・・ 8,37

て

敵基地攻撃能力・・・・・・・・・・・・・ 29
テレワーク（リモートワーク）・・・・ 47
テロ・・・・・・・・・・・・・・・・・・・・・ 36
天然ガス・・・・・・・・・ 28,29,32,33

と

トランプ・・・・・・・・・・・・・・・ 36,40
鳥インフルエンザ・・・・・・・・・ 29,47
トルコ・シリア地震・・・・・・・・ 14,55
ドイツ・・・・・・・・・・・・・・・ 1,14,32

な

名護市辺野古・・・・・・・・・・・・・・・ 15
南海トラフ・・・・・・・・・・・・・・・ 8,54
南北問題・・・・・・・・・・・・・・・・・・ 21
難民・・・・・・・・・・・・・・・・・ 14,55

に・ね・の

西九州新幹線・・・・・・・・・・・・ 15,51
2024年問題・・・・・・・・・・・・・・・ 50
日韓基本条約・・・・・・・・・・・・ 42,43
日朝首脳会談・・・・・・・・・・・・・・・ 43
熱中症・・・・・・・・・・・・・・・・・・・・ 7
熱波・・・・・・・・・・・・・・・・・・・ 7,61
ノーベル平和賞・・・・・・・・・ 39,40,68

は

排他的経済水域・・・・・・・・・・・・・ 43
バイデン・・・・・・・・・・・・・・・・・・ 14
パキスタン・・・・・・・・・・・・・・・・・ 17
白山手取川ジオパーク・・・・・・・ 15,55
働き方改革・・・・・・・・・・・・・・・・ 50
発展途上国・・・・・・・・・ 5,21,33,39
はやぶさ2 ・・・・・・・・・・・・・・・・ 59
パラリンピック・・・・・・・・・・・・・・・
　　　　　15,36,38,40,47,67
パリ協定・・・・・・・・・・・・・・・ 14,33
反撃能力・・・・・・・・・・・・・・・・・ 29
繁殖干渉・・・・・・・・・・・・・・・・・ 62
阪神・淡路大震災（阪神大震災）・・・・・
　　　　　　　　　　　　　　8,54
パンデミック・・・・・・・・・・・・ 40,46
半導体・・・・・・・・・・・・・・・・・・・ 47

ひ

非核三原則・・・・・・・・・・・・・・・・ 68
東日本大震災・・・・・・・・・・・・・・・・・
　　　　　8,15,32,36,37,54,55
一人っ子政策・・・・・・・・・・・・・・・ 43

97

病原体・・・・・・・・・・・・・・・・・・ 62
広島市・・・・・・・・・ 表紙,3,15,16,42
貧困・・・・・・・・・・・・・・・・・・・ 36

ふ・へ

フィンランド・・・・・・・・・・ 5,14,21
プーチン・・・・・・・・・・・・ 14,21,36
福島第一原子力発電所・・・・・・・・・・
　　　　4,15,17,29,32,37,61,67
復興庁・・・・・・・・・・・・・・・・・・ 55
普天間飛行場・・・・・・・・・・・・ 15
部分日食・・・・・・・・・・・・・・・・ 60
ブラジル・・・・・・・・・・・ 5,14,20,21
フランス・・・・・・・・・・ 2,14,21,33
プレート・・・・・・・・・・・・・・ 54,55
文化庁・・・・・・・・・・・・・ 15,25,65
ベトナム・・・・・・・・・・・・・・・・ 20
偏西風・・・・・・・・・・・・・・・・・・ 61

ほ

防衛関係費・・・・・・・・・・・・・・ 29
貿易赤字・・・・・・・・・・・・・・ 28,36
包括的核実験禁止条約・・・・・・・・・ 17
放射性物質・・・・・・・・・ 4,32,37
訪日外国人・・・・・・・・・・ 表紙,46,47
北陸新幹線・・・・・・・・・・・・ 15,51

ま・み・む・も

マイナンバーカード・・・・・・・・・・ 25
マクロン・・・・・・・・・・・・・・・・ 14
南アフリカ・・・・・・・・・ 5,14,21,67
ミャンマー・・・・・・・・・ 14,36,40
民法・・・・・・・・・・・・・・・・・ 36,38
無投票・・・・・・・・・・・・・・・・・・ 51
木星・・・・・・・・・・・・・・・・・・・ 60

や・ゆ・よ

野党・・・・・・・・・・・・・・・・・ 37,66

ヤングケアラー・・・・・・・・・・・・・ 25
有権者・・・・・・・・・・・・・・・・ 37,51
尹錫悦（ユンソンニョル）・・・・・・・・・・
　　　　　　　　14,36,42,65
予算・・・・・・・・・・・・・・・・ 29,65
与党・・・・・・・・・・・・・・・・ 36,37
予報円・・・・・・・・・・・・・・・・・・ 61

ら・り

拉致問題・・・・・・・・・・・・・・ 14,43
ラニーニャ現象・・・・・・・・・・・・・ 61
リーマン・ショック・・・・・・・・・ 2,21
リモートワーク（テレワーク）・・・・ 47

れ・ろ

レアメタル・・・・・・・・・・・・・・・ 60
冷戦・・・・・・・・・・・・・・・・・ 5,36
令和・・・・・・・・・・・・・・・・・・・ 38
連立内閣・・・・・・・・・・・ 36,37,68
ロシア・・・・・・・・・・・・・・・・・・・・・
　　　　表紙,2,5,14,16,17,20,21,
　　　　28,29,32,33,39,43,60,68
ロックダウン・・・・・・・・・・・・・・ 40
ロヒンギャ・・・・・・・・・・・・・・・ 14

アルファベット

AI（人工知能）・・・・・・・・・・・・・・・・ 6
ASEAN(東南アジア諸国連合)・・・・・・
　　　　　　　　　　　　　　　　20
BRICS ・・・・・・・・・・・・ 2,5,14,21,67
CGPM ・・・・・・・・・・・・・・・・・・・・ 58
COP21（気候変動枠組条約第21回
締結国会議）・・・・・・・・・・・・・・・・ 33
CTBT（包括的核実験禁止条約）・・ 17
EPA（経済連携協定）・・・・・・・・・・・ 5
EU（ヨーロッパ連合）・・・・・・・・・・・・
　　　　　　　　　2,5,14,21,39
G7 ・・・表紙,2,14,15,16,20,21,39
G20 ・・・・・・・・・・・・・・ 2,20,21,36
GX（グリーントランスフォーメーシ
ョン）・・・・・・・・・・・・・・・・・・・・・ 33
H3 ・・・・・・・・・・・・・・・・・・・・・・ 59
IAEA（国際原子力機関）・・・・・・・・ 17
ICAN（核兵器廃絶国際キャンペー
ン）・・・・・・・・・・・・・・・・・・・・・・ 39
JAXA（宇宙航空研究開発機構）・・ 59
LRT ・・・・・・・・・・・・・・・・・・・ 6,15
NASA（アメリカ航空宇宙局）・・・ 60
NATO（北大西洋条約機構）・・・・・・・・
　　　　　　　　　　　 3,5,14,21
NGO（非政府組織）・・・・・・・・・・・ 39
NPT（核拡散防止条約）・・・・・・・・・ 17
SDGs（持続可能な開発目標）・・・・・・
　　　　　　　　　　　　 39,67
TPP（環太平洋経済連携協定・環太平
洋パートナーシップ協定）・・・・・・ 5,14
UNCTAD（国連貿易開発会議）・・ 21
UNESCO（国連教育科学文化機関）・
　　　　　　　　　　　 55,64,66
UNHCR（国連難民高等弁務官事務
所）・・・・・・・・・・・・・・・・・・・・・・ 55
WHO（世界保健機関）・・・ 14,40,46
WMO（世界気象機関）・・・ 61,64,67

執筆者	遠藤 健雄	上田 晶子
	助宗 剣司	本所 和大
	高橋 忠明	小林 里美
	後藤 富男	千葉 陽子
	丸山 修也	千羽 祐馬
	関沼 一弘	岩城 慶明
	村上 智士	
	藤光 宏司	
	今井 亮子	

写真・資料	アフロ	アフロスポーツ
（順不同）	時事通信フォト	時事通信社
	共同通信イメージズ	共同通信社
	朝日新聞社	読売新聞社
	毎日新聞社	ロイター
	EPA	AP
	AFP	ゲッティ
	NASA	JAXA
	外務省	日本気象協会
	国立科学博物館	情報通信研究機構
	The New York Times	山陽新聞
	TEPCO	イメージマート
	Redux	GCストーリー株式会社
	山口 喜盛	つのだよしお

ニュース最前線2023

発行日	2023年10月15日
編集	㈱四谷大塚出版 編集本部
発行者	永瀬昭幸
印刷	図書印刷株式会社

発行所　㈱四谷大塚出版
〒166-0003　東京都杉並区高円寺南5-36-23
TEL.　03(6867)8602
E-mail　books@yotsuya-otsuka.co.jp

発売所　㈱ナガセ　出版事業部
〒180-0003　東京都武蔵野市吉祥寺南町1-29-2
TEL.　0422(70)7456
FAX.　0422(70)7457

©四谷大塚出版, Printed in Japan　ISBN978-4-89085-938-2 C6530
●無断で複写・複製することを禁じます。
●落丁・乱丁は着払にて㈱ナガセ出版事業部にお送りください。新本にお取り替えいたします。

学習事項確認カード

◆2023年の時事問題と関連の深い内容をまとめたカードです。

- ◆表面の空欄にあてはまるキーワードを答えましょう。
- ◆正しい答えを、裏面でチェックしましょう。
- ◆カードの右上に『ニュース最前線2023』のページを示しました。関連する時事問題やくわしい内容を確認して、学習を深めましょう。

カード①
日本の社会保障制度

◆日本国憲法第25条に定められた〔　　〕の保障に基づく。

すべて国民は、〔　　〕で〔　　〕な〔　　〕の生活を営む権利を有する。

◆社会保障制度に関する仕事は、〔　　〕省が中心となって行う。

カード②
社会保障制度の４つの柱
▶24・25ページ

- ◆〔　　〕…国民から保険料を集め、病気のときや老後などにお金を支給する。
- ◆〔　　〕…所得のない人や少ない人に生活費などを支給する。
- ◆〔　　〕…高齢者や障がい者など、社会的に弱い立場の人の世話をし、援助する。
- ◆〔　　〕…保健所などが中心となり、病気の予防や健康管理・環境衛生の改善を行う。

カード③
社会保険の種類
▶24・25ページ

- ◆〔　　〕…病気・けがの場合にお金を支給する。
- ◆〔　　〕…一定の年齢に達した後、定期的にお金を支給する。
- ◆〔　　〕…失業した場合にお金を支給する。
- ◆労働者災害補償保険…仕事中にけがをした場合などにお金を支給する。
- ◆〔　　〕…身の回りの世話を必要とする高齢者などにサービスを提供する。

カード④
国の歳出
▶29ページ

2023年度の予算（約114兆円）

公共事業関係費 5.3
文教及び科学振興費 4.7

社会保障関係費 32.3%	〔　　〕 22.1	地方交付税交付金 14.1		その他 12.6

防衛関係費 8.9

◆〔　　〕…国が過去の借金に利子をつけて返す費用

カード⑤
国の歳入
▶29ページ

2023年度の予算（約114兆円）

租税 60.7%	〔　　〕 31.1	

その他 8.2

- ◆租税…所得税・法人税・消費税など
- ◆〔　　〕…国債を発行して、歳入の不足分を補う

カード⑥
国会のはたらき
▶24・25ページ

- ◆〔　　〕の制定
- ◆予算の議決、決算の承認
- ◆条約の承認
- ◆内閣総理大臣の〔　　〕
- ◆〔　　〕の決議…衆議院のみが行う
- ◆国政調査権
- ◆裁判官を裁く〔　　〕裁判所の設置
- ◆憲法改正の〔　　〕

カード⑦
国会のしくみ
▶24・25ページ

衆議院		参議院
計〔　　〕名		計248名
小選挙区 〔　　〕名 比例代表 176名	議員定数	選挙区 148名 比例代表 100名
４年（解散すると議員の職を失う）	任　期	〔　〕年〔　〕年ごとに半数を改選）
満25歳以上	被選挙権	満〔　〕歳以上
〔　　〕	解　散	〔　　〕

カード①
日本の社会保障制度

◆ 日本国憲法第25条に定められた生存権の保障に基づく。

すべて国民は、健康で文化的な最低限度の生活を営む権利を有する。

◆ 社会保障制度に関する仕事は、厚生労働省が中心となって行う。

カード②
社会保障制度の４つの柱
▶ 24・25ページ

◆ 社会保険…国民から保険料を集め、病気のときや老後などにお金を支給する。

◆ 公的扶助（生活保護）…所得のない人や少ない人に生活費などを支給する。

◆ 社会福祉…高齢者や障がい者など、社会的に弱い立場の人の世話をし、援助する。

◆ 公衆衛生…保健所などが中心となり、病気の予防や健康管理・環境衛生の改善を行う。

カード③
社会保険の種類
▶ 24・25ページ

◆ 健康保険…病気・けがの場合にお金を支給する。

◆ 年金保険…一定の年齢に達した後、定期的にお金を支給する。

◆ 雇用保険…失業した場合にお金を支給する。

◆ 労働者災害補償保険…仕事中にけがをした場合などにお金を支給する。

◆ 介護保険…身の回りの世話を必要とする高齢者などにサービスを提供する。

カード④
国の歳出
▶ 29ページ

2023年度の予算（約114兆円）

社会保障関係費 32.3%	国債費 22.1	地方交付税交付金 14.1		その他 12.6

公共事業関係費 5.3
文教及び科学振興費 4.7
防衛関係費 8.9

◆ 国債費…国が過去の借金に利子をつけて返す費用

カード⑤
国の歳入
▶ 29ページ

2023年度の予算（約114兆円）

租税 60.7%	公債金 31.1	

その他 8.2

◆ 租税…所得税・法人税・消費税など

◆ 公債金…国債を発行して、歳入の不足分を補う

カード⑥
国会のはたらき
▶ 24・25ページ

◆ 法律の制定

◆ 予算の議決、決算の承認

◆ 条約の承認

◆ 内閣総理大臣の指名

◆ 内閣不信任の決議…衆議院のみが行う

◆ 国政調査権

◆ 裁判官を裁く弾劾裁判所の設置

◆ 憲法改正の発議

カード⑦
国会のしくみ
▶ 24・25ページ

衆議院		参議院
計465名		計248名
小選挙区　289名 比例代表　176名	議員定数	選挙区　148名 比例代表　100名
４年（解散すると議員の職を失う）	任　期	６年（３年ごとに半数を改選）
満25歳以上	被選挙権	満30歳以上
あり	解　散	なし

カード⑧ 国会の種類 ▶24・25ページ

通常国会（常会）	毎年1回、〔　〕月に召集される。会期は〔　〕日間。おもに会期の前半は次の年度の予算を審議する。
臨時国会（臨時会）	内閣が必要と認めた場合、またはどちらかの議院の総議員の〔　〕以上の要求で召集される。
〔　〕国会（〔　〕会）	衆議院の解散後の総選挙の日から〔　〕日以内に召集され、内閣総理大臣を指名する。

カード⑨ 内閣不信任決議から首相の指名まで

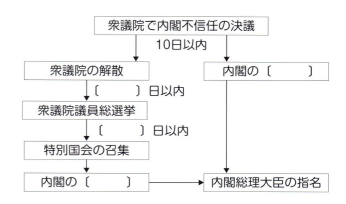

カード⑩ 予算の議決 ▶29ページ

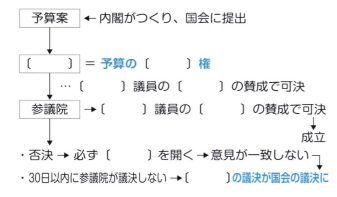

カード⑪ 法律ができるまで

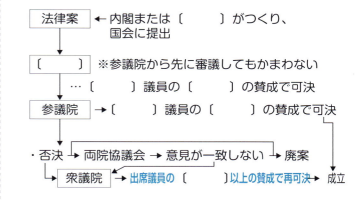

カード⑫ 衆議院議員の選挙制度 ▶24・25ページ

	〔　〕制	〔　〕制
議員定数	289名	〔　〕名
選挙区数	289	11
選挙制度の内容	1選挙区から1名を選ぶ	政党名を書いて投票。事前に政党が候補者に順位をつけ、政党の得票数に応じて順位の高いほうから当選者を決める拘束名簿式

カード⑬ 参議院議員の選挙制度 ▶24・25ページ

	選挙区制	〔　〕制
議員定数	148名	100名
選挙区数	45	1
選挙制度の内容	原則として各都道府県を1つの選挙区とする。ただし、鳥取県と島根県、高知県と徳島県は「合区」	政党名または候補者名を書いて投票。原則として事前に政党が候補者に順位をつけることはない非拘束名簿式

カード⑭ 裁判所の種類

最高裁判所	東京に1か所。憲法の番人といわれる。
〔　〕裁判所	8地方に1か所ずつ。（札幌・仙台・〔　〕・名古屋・大阪・広島・〔　〕・福岡）
〔　〕裁判所	全国に〔　〕か所。（北海道に4か所。都府県庁所在地に1か所ずつ）
家庭裁判所	地方裁判所と同じ都市。家庭内のもめごとや少年犯罪の審判などを行う。
簡易裁判所	全国438か所。交通違反などを裁く。

◆ すべての裁判所に〔　　　〕権がある。

カード⑮ 裁判員制度

◆ **裁判員の決め方**…満18歳以上の男女の中から、毎年くじによって候補者の名簿をつくり、そこからさらに選ばれる。

◆ **裁判員が参加する裁判**…〔　〕事件の第〔　〕審のうち、〔　〕裁判所で行われる重大犯罪の裁判が対象。

◆ **裁判員の人数**…裁判員裁判は、〔　〕人の裁判官と〔　〕人の裁判員によって行われる。

カード⑨ 内閣不信任決議から首相の指名まで

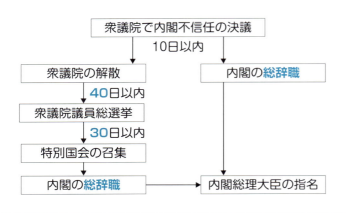

カード⑧ 国会の種類

▶24・25ページ

通常国会(常会)	毎年1回、1月に召集される。会期は150日間。おもに会期の前半は次の年度の予算を審議する。
臨時国会(臨時会)	内閣が必要と認めた場合、またはどちらかの議院の総議員の4分の1以上の要求で召集される。
特別国会(特別会)	衆議院の解散後の総選挙の日から30日以内に召集され、内閣総理大臣を指名する。

カード⑪ 法律ができるまで

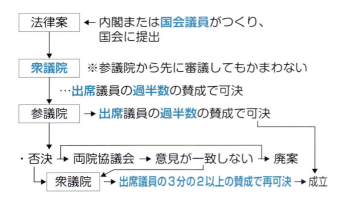

カード⑩ 予算の議決

▶29ページ

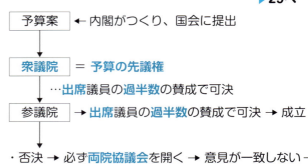

・否決 → 必ず両院協議会を開く → 意見が一致しない ┐
・30日以内に参議院が議決しない → 衆議院の議決が国会の議決に

カード⑬ 参議院議員の選挙制度

▶24・25ページ

	選挙区制	比例代表制
議員定数	148名	100名
選挙区数	45	1
選挙制度の内容	原則として各都道府県を1つの選挙区とする。ただし、鳥取県と島根県、高知県と徳島県は「合区」	政党名または候補者名を書いて投票。原則として事前に政党が候補者に順位をつけることはない非拘束名簿式

カード⑫ 衆議院議員の選挙制度

▶24・25ページ

	小選挙区制	比例代表制
議員定数	289名	176名
選挙区数	289	11
選挙制度の内容	1選挙区から1名を選ぶ	政党名を書いて投票。事前に政党が候補者に順位をつけ、政党の得票数に応じて順位の高いほうから当選者を決める拘束名簿式

カード⑮ 裁判員制度

◆ **裁判員の決め方**…満18歳以上の男女の中から、毎年くじによって候補者の名簿をつくり、そこからさらに選ばれる。
◆ **裁判員が参加する裁判**…**刑事事件**の**第一審**のうち、**地方裁判所**で行われる重大犯罪の裁判が対象。
◆ **裁判員の人数**…裁判員裁判は、3人の裁判官と6人の裁判員によって行われる。

カード⑭ 裁判所の種類

最高裁判所	東京に1か所。憲法の番人といわれる。
高等裁判所	8地方に1か所ずつ。(札幌・仙台・東京・名古屋・大阪・広島・高松・福岡)
地方裁判所	全国に50か所。(北海道に4か所。都府県庁所在地に1か所ずつ)
家庭裁判所	地方裁判所と同じ都市。家庭内のもめごとや少年犯罪の審判などを行う。
簡易裁判所	全国438か所。交通違反などを裁く。

◆ すべての裁判所に**違憲立法審査権**がある。

カード⑯ 発電所の分布
▶32・33ページ

- ■〔　　〕発電所
- ★〔　　〕発電所
- ●〔　　〕発電所
- ▲〔　　〕発電所

カード⑰ 電源別発電電力量の割合
▶32・33ページ

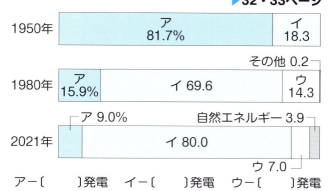

1950年　ア 81.7%　イ 18.3
1980年　ア 15.9%　イ 69.6　ウ 14.3　その他 0.2
2021年　ア 9.0%　イ 80.0　ウ 7.0　自然エネルギー 3.9

アー〔　　〕発電　イー〔　　〕発電　ウー〔　　〕発電

カード⑱ 環境問題に関する国際会議
▶33ページ

〔　　　　〕…スウェーデンのストックホルム 「〔　〕のない地球」	1972年
国連環境開発会議(地球サミット)…ブラジルの〔　　〕「〔　〕可能な開発」	1992年
地球温暖化防止〔　〕会議（COP3）…日本の〔　〕〔　　〕を採択	1997年
気候変動枠組条約第21回締約国会議(COP21)…フランスの〔　〕〔　〕協定を採択	2015年

カード⑲ 近年の日本の首相
▶36ページ

2006年9月～	〔　　〕	自由民主党
2007年9月～	福田康夫	自由民主党
2008年9月～	麻生太郎	自由民主党
2009年9月～	鳩山由紀夫	民主党
2010年6月～	菅直人	民主党
2011年9月～	野田佳彦	民主党
2012年12月～	〔　　〕	自由民主党
2020年9月～	菅義偉	自由民主党
2021年10月～	〔　　〕	自由民主党

カード⑳ 日本のおもな輸出入品目の割合
▶28・29ページ

輸出（2021年） 83.1兆円
機械類 38.1%　〔　〕12.9　その他 44.4　鉄鋼 4.6

輸入（2021年） 84.9兆円
機械類 25.1%　〔　〕10.7　その他 59.2
液化ガス 5.9　医薬品 5.0

カード㉑ 貿易に関するキーワード
▶28・29ページ

- 〔　　〕…貿易をめぐって生じる国と国の対立
- 〔　　〕…海外から燃料や原材料を輸入し、工業製品を輸出する貿易
- 貿易収支…商品の輸出入にともない、外国との間で行われる代金の受け取りと支払いの差額
- 〔　　〕…輸入国の政府が輸入品に課す税金
- 〔　　〕…関税を引き上げたり、輸入量をおさえたりすることなどによって国内産業を守る貿易

カード㉒ おもな世界文化遺産

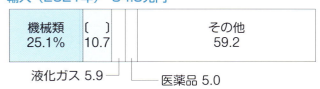

- 長崎と天草地方の潜伏キリシタン関連遺産
- 北海道・北東北の縄文遺跡群
- 〔　　〕
- 古都京都の文化財
- 〔　　〕古墳群
- 〔　　〕
- 〔　　〕
- 原爆ドーム
- 厳島神社
- 明治日本の産業革命遺産※
- ※計8県に点在
- 〔　　〕
- 〔　　〕と絹産業遺産群
- 〔　　〕の社寺
- 古都奈良の文化財
- 紀伊山地の霊場と参詣道
- 法隆寺
- 〔　　〕の遺産群

カード㉓ 世界自然遺産

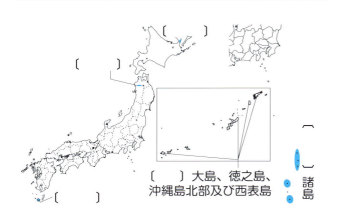

〔　　〕大島、徳之島、沖縄島北部及び西表島
〔　　〕諸島

カード⑰ 電源別発電電力量の割合
▶32・33ページ

1950年：ア 81.7% ／ イ 18.3

1980年：ア 15.9% ／ イ 69.6 ／ ウ 14.3 ／ その他 0.2

2021年：ア 9.0% ／ イ 80.0 ／ ウ 7.0 ／ 自然エネルギー 3.9

ア—水力発電　イ—火力発電　ウ—原子力発電

カード⑯ 発電所の分布
▶32・33ページ

■原子力発電所
★水力発電所
●火力発電所
▲地熱発電所

カード⑲ 近年の日本の首相
▶36ページ

年月	首相	政党
2006年9月〜	安倍晋三	自由民主党
2007年9月〜	福田康夫	自由民主党
2008年9月〜	麻生太郎	自由民主党
2009年9月〜	鳩山由紀夫	民主党
2010年6月〜	菅直人	民主党
2011年9月〜	野田佳彦	民主党
2012年12月〜	安倍晋三	自由民主党
2020年9月〜	菅義偉	自由民主党
2021年10月〜	岸田文雄	自由民主党

カード⑱ 環境問題に関する国際会議
▶33ページ

会議	年
国連人間環境会議…スウェーデンのストックホルム「かけがえのない地球」	1972年
国連環境開発会議（地球サミット）…ブラジルのリオデジャネイロ「持続可能な開発」	1992年
地球温暖化防止京都会議（COP3）…日本の京都　京都議定書を採択	1997年
気候変動枠組条約第21回締約国会議（COP21）…フランスのパリ　パリ協定を採択	2015年

カード㉑ 貿易に関するキーワード
▶28・29ページ

- ◆ 貿易摩擦…貿易をめぐって生じる国と国の対立
- ◆ 加工貿易…海外から燃料や原材料を輸入し、工業製品を輸出する貿易
- ◆ 貿易収支…商品の輸出入にともない、外国との間で行われる代金の受け取りと支払いの差額
- ◆ 関税………輸入国の政府が輸入品に課す税金
- ◆ 保護貿易…関税を引き上げたり、輸入量をおさえたりすることなどによって国内産業を守る貿易

カード⑳ 日本のおもな輸出入品目の割合
▶28・29ページ

輸出（2021年）　83.1兆円

機械類 38.1% ／ 自動車 12.9 ／ 鉄鋼 4.6 ／ その他 44.4

輸入（2021年）　84.9兆円

機械類 25.1% ／ 石油 10.7 ／ 液化ガス 5.9 ／ 医薬品 5.0 ／ その他 59.2

カード㉓ 世界自然遺産

知床
白神山地
小笠原諸島
奄美大島、徳之島、沖縄島北部及び西表島
屋久島

カード㉒ おもな世界文化遺産

長崎と天草地方の潜伏キリシタン関連遺産
北海道・北東北の縄文遺跡群
白川郷・五箇山の合掌造り集落
古都京都の文化財
百舌鳥・古市古墳群
姫路城
石見銀山遺跡
原爆ドーム
厳島神社
明治日本の産業革命遺産※
※計8県に点在
平泉
富岡製糸場と絹産業遺産群
日光の社寺
富士山
古都奈良の文化財
紀伊山地の霊場と参詣道
法隆寺
琉球王国の遺産群

カード㉔
月の動き
▶60ページ

月は地球のまわりを1周する〔　　〕周期と、月自身が1回回転する〔　　〕周期が約〔　　〕日と等しいので、いつでも同じ面を地球に向けていて、地球から月の裏側を観察することはできない。

また、月の満ち欠けは新月から次の新月まで約〔　　〕日かかり、月の南中は1日約〔　　〕分ずつ遅れていく。

カード㉕
星の種類

- A〔　　〕…自分から光を出して輝いている星
- B〔　　〕…星Aのまわりを公転している星
- C〔　　〕…星Bのまわりを公転している星

星Aにあてはまる星は星座早見に示されている。冬の大三角は1等星を2個含む〔　　〕座の〔　　〕、夜空で一番明るい〔　　〕座の〔　　〕と、〔　　〕座の〔　　〕の3個の星を結んでつくる。

カード㉖
太陽系の星
▶60ページ

太陽系の仲間にはいろいろな星がある。

- 〔　　〕…地球のすぐ内側をまわる惑星
- 〔　　〕…地球のすぐ外側をまわる惑星
- 〔　　〕…地球のまわりをまわる衛星
- 〔　　〕…きれいに輝く環が特徴の惑星
- 〔　　〕…太陽系最大の惑星
- 〔　　〕…「はやぶさ2」が探査した小惑星

カード㉗
いろいろな気体

- 〔　　〕…空気中に最も多く含まれ、安定しているので食品の保存などに使われる。
- 〔　　〕…最も軽く、燃えると〔　　〕ができる。
- 〔　　〕…空気の約1.5倍の重さで、水にとけた水溶液は〔　　〕。
- 〔　　〕…ものを燃やす性質があり、〔　　　　〕に、黒い固体の〔　　　〕を加えると発生する。

カード㉘
低気圧・高気圧・台風
▶61ページ

低気圧の中心付近はまわりよりも気圧が低いので、空気が上がる〔　　　〕気流ができ、風が吹き込んでくる。

高気圧の中心付近はまわりよりも気圧が高いので、空気が下がる〔　　　〕気流ができ、風が吹き出していく。中心付近の最大風速が毎秒〔　　　〕m以上になった〔　　　〕を台風という。

カード㉙
動物の分類

背骨のある動物を〔　　　〕といい、親と似たすがたの子を産む動物を〔　　　〕類という。

背骨のある動物で幼生の時はえらで呼吸し、成体になると肺で呼吸する動物を〔　　　〕類という。

鳥類は、心臓が〔　〕心房〔　〕心室からできていて、体温がほぼ一定の〔　　　〕動物である。

カード㉚
気温のはかり方

気温は、地上から〔　　〕～〔　　〕mの高さで〔　　　〕があたらない、〔　　　〕の良いところではかる。

晴天の日、1日で気温が最低になるのは〔　　　〕ごろで、最高になるのは〔　　　〕ごろである。

雨やくもりの日は、1日の最低気温と最高気温の差である日較差は〔　　　〕なる。

カード㉛
風

午前10時の風速は〔　　　〕から〔　　　〕の10分間に空気が動いた距離をもとに、秒速を出したものである。

風向は方位を16等分したもので表し、北西から南東に向かって吹く風の風向は〔　　　〕となる。

昼間は陸上の空気が暖かくなるので海から陸に向かって〔　　　〕が吹き、夜は陸上の空気が冷えるので陸から海に向かって〔　　　〕が吹く。

カード㉕ 星の種類

- A **恒星**…自分から光を出して輝いている星
- B **惑星**…星Aのまわりを公転している星
- C **衛星**…星Bのまわりを公転している星

　星Aにあてはまる星は星座早見に示されている。冬の大三角は1等星を2個含む**オリオン**座の**ベテルギウス**、夜空で一番明るい**おおいぬ**座の**シリウス**と、**こいぬ**座の**プロキオン**の3個の星を結んでつくる。

カード㉔ 月の動き

▶60ページ

　月は地球のまわりを1周する**公転**周期と、月自身が1回回転する**自転**周期が約**27.3**日と等しいので、いつでも同じ面を地球に向けていて、地球から月の裏側を観察することはできない。

　また、月の満ち欠けは新月から次の新月まで約**29.5**日かかり、月の南中は1日約**50**分ずつ遅れていく。

カード㉗ いろいろな気体

- **窒素**…空気中に最も多く含まれ、安定しているので食品の保存などに使われる。
- **水素**…最も軽く、燃えると**水**ができる。
- **二酸化炭素**…空気の約1.5倍の重さで、水にとけた水溶液は**炭酸水**。
- **酸素**…ものを燃やす性質があり、**過酸化水素水**に、黒い固体の**二酸化マンガン**を加えると発生する。

カード㉖ 太陽系の星

▶60ページ

太陽系の仲間にはいろいろな星がある。

- **金星**………地球のすぐ内側をまわる惑星
- **火星**………地球のすぐ外側をまわる惑星
- **月**…………地球のまわりをまわる衛星
- **土星**………きれいに輝く環が特徴の惑星
- **木星**………太陽系最大の惑星
- **リュウグウ**…「はやぶさ2」が探査した小惑星

カード㉙ 動物の分類

　背骨のある動物を**セキツイ動物**といい、親と似たすがたの子を産む動物を**ホニュウ類**という。

　背骨のある動物で幼生の時はえらで呼吸し、成体になると肺で呼吸する動物を**両生類**という。

　鳥類は、心臓が**2**心房**2**心室からできていて、体温がほぼ一定の**恒温**動物である。

カード㉘ 低気圧・高気圧・台風

▶61ページ

　低気圧の中心付近はまわりよりも気圧が低いので、空気が上がる**上昇**気流ができ、風が吹き込んでくる。

　高気圧の中心付近はまわりよりも気圧が高いので、空気が下がる**下降**気流ができ、風が吹き出していく。中心付近の最大風速が毎秒**17.2m**以上になった**熱帯低気圧**を台風という。

カード㉛ 風

　午前10時の風速は**午前9時50分**から**午前10時**の10分間に空気が動いた距離をもとに、秒速を出したものである。

　風向は方位を16等分したもので表し、北西から南東に向かって吹く風の風向は**北西**となる。

　昼間は陸上の空気が暖かくなるので海から陸に向かって**海風**が吹き、夜は陸上の空気が冷えるので陸から海に向かって**陸風**が吹く。

カード㉚ 気温のはかり方

　気温は、地上から**1.2～1.5m**の高さで**直射日光**があたらない、**風通し**の良いところではかる。

　晴天の日、1日で気温が最低になるのは**日の出前**ごろで、最高になるのは**午後2時**ごろである。

　雨やくもりの日は、1日の最低気温と最高気温の差である日較差は**小さく**なる。